CAMINHAR COM INÁCIO DE LOYOLA

MARIO DE FRANÇA MIRANDA

CAMINHAR COM INÁCIO DE LOYOLA

Edições Loyola

Dados Internacionais de Catalogação na Publicação (CIP)
(Câmara Brasileira do Livro, SP, Brasil)

Miranda, Mario de França
  Caminhar com Inácio de Loyola / Mario de França Miranda. --
São Paulo : Edições Loyola, 2022. -- (Nas pegadas do peregrino ; 1)

  ISBN 978-65-5504-163-7

  1. Biografia 2. Espiritualidade 3. Inácio, de Loyola, Santo,
1491-1556. Exercícios espirituais 4. Jesuítas 5. Pastoral - Cristianismo
6. Vida espiritual - Igreja Católica I. Título II. Série.

22-105080 CDD-248.3

Índices para catálogo sistemático:
1. Inácio, de Loyola, Santo : Exercícios espirituais :
   Cristianismo   248.3

Maria Alice Ferreira - Bibliotecária - CRB-8/7964

Capa e diagramação: Ronaldo Hideo Inoue
Revisão técnica: Danilo Mondoni, SJ

Edições Loyola Jesuítas
Rua 1822 nº 341 – Ipiranga
04216-000 São Paulo, SP
T 55 11 3385 8500/8501, 2063 4275
editorial@loyola.com.br
vendas@loyola.com.br
www.loyola.com.br

Todos os direitos reservados. Nenhuma parte desta obra pode ser reproduzida ou transmitida por qualquer forma e/ou quaisquer meios (eletrônico ou mecânico, incluindo fotocópia e gravação) ou arquivada em qualquer sistema ou banco de dados sem permissão escrita da Editora.

ISBN 978-65-5504-163-7

© EDIÇÕES LOYOLA, São Paulo, Brasil, 2022

SUMÁRIO

APRESENTAÇÃO 7

I. A MISSÃO NA COMPANHIA DE JESUS 9

II. MÍSTICA INACIANA 25

III. COMPANHIA DE JESUS E LAICATO NA MISSÃO 43

IV. O ESPÍRITO SANTO NA VIDA DA COMPANHIA DE JESUS ... 57

V. A CRUZ NA VIDA DO JESUÍTA 75

VI. A INTERPELAÇÃO DOS POBRES À COMPANHIA DE JESUS ... 87

VII. INÁCIO DE LOYOLA E LIBERDADE CRISTÃ 103

EPÍLOGO 121

APRESENTAÇÃO

Escrevi este livro movido por um profundo sentimento de gratidão. Aliás, uma experiência que deveria ser bem mais valorizada em nossa vida. Pois somos seres que desde o nascimento dependemos de outros: nossas mães, nosso entorno familiar, nossos mestres, nossos amigos, nosso contexto sociocultural. Todos eles dons recebidos sem os quais não chegaríamos a ser o que realmente somos: pessoas adultas e capazes de tecer relações sociais. Sabemos bem como as contribuições do passado marcam nossa personalidade do presente. Naturalmente, também contribuímos para o desenvolvimento humano de outros, pois somos essencialmente seres sociais. No fundo é o que nos realiza e nos faz felizes.

Depois de viver mais de 65 anos como jesuíta, atualmente com menos encargos e obrigações, pude olhar para os anos passados e constatar o quanto recebi desta Ordem criada por Santo Inácio e seus companheiros. Sua espiritualidade me possibilitou construir minha personalidade, fornecendo-me verdades, valores, metodologias, autoconhecimento, disciplina e orientações seguras para uma vida humana, intelectual e espiritual. Recebi testemunhos valiosos de vida cristã autêntica, uma pedagogia da liberdade para discernir nas encruzilhadas, uma capacidade de abraçar o novo sem descartar o antigo, uma ampla visão da realidade possibilitada por estudos e viagens, enfim, todo um modo específico de proceder que caracteriza os jesuítas.

Naturalmente, nesta longa caminhada se deu todo um processo educativo, formativo, cognoscitivo, como queiramos chamar, com seus momentos de realização e de felicidade, entremeado por outros mais difíceis e sofridos. Entretanto, graças à formação espiritual inspirada em Santo Inácio pude ler nos incidentes do passado a mão atenta de Deus me conduzindo, educando, amadurecendo, corrigindo, fortalecendo e fazendo-me viver com mais coerência e autenticidade minha vocação religiosa.

Minha gratidão se estende também aos jesuítas que Deus pôs em meu caminho. Muito me impressionava não tanto o que diziam, mas como realmente viviam sua vocação. Eram mestres exímios simplesmente pelo testemunho de vida, pela coerência com que o professavam, pela liberdade em decisões corajosas, pela simplicidade e humildade mesmo sendo pessoas notáveis e ocupando cargos importantes, pela dedicação austera a estudos profundos e exigentes ou a missões em contextos desafiantes. A lista é enorme e aqui me limito a mencionar alguns, como Armando Cardoso, Pedro Velloso, Luciano Mendes de Almeida, Pedro Arrupe, Eduardo Caiuby e ainda outros, aos quais devo muito de minha formação teológica, como Henri de Lubac e Karl Rahner.

Os capítulos deste pequeno livro foram escritos sem a menor preocupação de oferecer uma visão completa da espiritualidade inaciana. Nessa área sinto-me um amador, um curioso, de modo algum um especialista. Procurei oferecer, isto sim, em razão de meu olhar de teólogo, uma fundamentação bíblica, mais precisamente neotestamentária, das colunas-mestras da espiritualidade inaciana, pois toda espiritualidade cristã, se é verdadeiramente tal, brota dos Evangelhos, origina-se da pessoa de Jesus Cristo. Faço votos de que estas linhas possam ajudar não só jesuítas, mas também sacerdotes, bem como leigos e leigas, que igualmente se alimentam desta espiritualidade, para que possam melhor vivê-la e compartilhá-la com outros.

I

A MISSÃO NA COMPANHIA DE JESUS

Não é novidade que a Companhia de Jesus é uma ordem apostólica, conhecida por suas variadas atividades, principalmente no setor da educação. Entretanto, a importância única que desempenha sua *missão* na espiritualidade, na organização institucional, na formação dos próprios jesuítas, já não é tão evidente. E menos ainda o são as características próprias da ordem que qualificam essa missão. Daí o sentido destas linhas.

*

Constitui um lugar comum na teologia atual afirmar que não podemos entender a pessoa de Jesus Cristo a não ser vinculada à sua missão de proclamar e realizar o que ele chamava de *Reino de Deus*. Ele deixou isso bem claro já no início de sua vida pública (Mc 1,15). O objetivo principal de sua vida vai levá-lo a uma existência itinerante e austera pelas estradas da Palestina, da qual participavam também seus discípulos.

*

Não só suas palavras, mas também suas ações, ao curar ou acolher a todos, inclusive aos pecadores, ao perdoar ou se isolar para rezar, ao escolher e enviar os apóstolos, ao se chocar com as autoridades religiosas, tudo isso só se esclarece à luz de sua missão pelo Reino de Deus.

*

Ele foi fiel até o fim a esta missão que revelava o rosto do Pai e seu desígnio de constituir uma nova humanidade que desse início, já neste mundo, à família de Deus na eternidade, caminhando para sua paixão e morte de cruz em heroica coerência com seu ensinamento.

*

O Espírito Santo enviado aos apóstolos e aos que os ouviam proclamar as maravilhas de Deus dará início à Igreja, cujo sentido último é exatamente o de *levar adiante* a missão de proclamar e realizar o Reino de Deus ao longo da história. E a Igreja é constituída pelos que creem em Jesus Cristo, a saber, por homens e mulheres que *assumem* a *vida* e a *missão* de Jesus Cristo. Neste sentido, todo cristão, por ser cristão, é necessariamente um missionário, qualquer que seja a modalidade concreta dessa sua vocação.

*

Observemos ainda que em toda sua vida Jesus agiu iluminado e fortalecido pelo *Espírito Santo*, que o acompanhou na realização fiel de sua missão. Portanto, a ação do Espírito Santo em Jesus se alinhava ao imperativo da missão. E este Espírito é enviado aos discípulos também em função da missão, estimulando-os a anunciar Jesus Cristo por toda parte, como já aparece nos Atos dos Apóstolos.

*

CAPÍTULO I.
A MISSÃO NA COMPANHIA DE JESUS

Assim chegamos a uma conclusão muito importante para o cristianismo e também, como veremos, para a Companhia de Jesus. A pessoa e a atuação de Jesus Cristo se deram em *função do Reino* ou da vontade do Pai. Igualmente a pessoa e a atuação do Espírito Santo.

*

Esta conclusão afirma que a adesão à pessoa de Jesus Cristo, possibilitada pela ação do Espírito Santo, significa necessariamente um *compromisso* com a causa do Reino de Deus. Qualquer relacionamento com Jesus Cristo que permaneça encerrado numa devoção intimista ou num culto individualista deve ser seriamente questionado, pois está utilizando a pessoa de Jesus em proveito próprio, apenas para satisfazer seus problemas pessoais, seja de que ordem forem.

*

O encontro de Inácio com Jesus Cristo por ocasião de sua conversão no castelo de Loyola não constituiu exceção a essa característica básica da fé cristã. A leitura da vida de Cristo e dos santos despertou nele não só a urgência de uma mudança de vida, mas também de levar a outros os dons recebidos. E bem sabemos das dificuldades que ele teve de enfrentar ao dar os Exercícios Espirituais, por carecer de adequada formação teológica.

*

Sua experiência pessoal vai se expressar de modo indubitável no *Exercício do Reino de Deus*, chave de leitura para as posteriores contemplações da vida de Jesus e que exige do exercitante a resolução de "trabalhar" com Cristo (EE 95) nas condições que foram as do próprio Cristo (EE 93), elencadas sem mais na "oferta de maior valor e importância" (EE 98).

*

Também a importante *Meditação das Duas bandeiras* reafirma a pessoa de Cristo em missão, chamando colaboradores e enviando-os por todo o mundo (EE 145) nas mesmas condições que experimentou em sua vida terrena, a saber, na pobreza, nas afrontas e na humildade (EE 146).

*

A ação do Espírito Santo levou Inácio a transmitir a outros sua experiência pessoal e, deste modo, levou seus primeiros companheiros ao compromisso com a missão do Reino de Deus. Consequentemente, o grupo inicial, núcleo da nova Ordem, estava todo ele voltado para a difusão da fé cristã nas mais diversas modalidades: instrução cristã aos mais simples, pregações, orientações espirituais, assessorias teológicas. Nomes como Francisco Xavier, Pedro Fabro, Pedro Canísio, Diego Laínez e Alfonso Salmerón confirmam o objetivo apostólico dos primeiros jesuítas.

*

No *Exame Geral* proposto aos candidatos à Companhia de Jesus, o mesmo objetivo vem expresso claramente: "O fim da Companhia não é somente ocupar-se, com a graça divina, da salvação e da perfeição das almas próprias, mas, com esta mesma graça, esforçar-se intensamente por ajudar a salvação e perfeição das do próximo" (*Exame Geral* 3). Assim o jesuíta vive corretamente sua vocação em função da missão, a saber, para ser um instrumento válido nas mãos de Deus em vista do Reino.

CAPÍTULO I.
A MISSÃO NA COMPANHIA DE JESUS

*

Os sucessivos capítulos das *Constituições* da Ordem expõem os passos gradativos em vista da formação do jesuíta para a missão, descrita em sua sétima parte. Em sua versão atualizada (*Normas Complementares*) afirma: "A missão atual da Companhia é a participação na missão da Igreja evangelizadora na sua totalidade, cujo fim é a realização do Reino de Deus em toda a sociedade humana, não só na vida futura, mas também na presente" (NC 245).

*

A amplidão dos campos de atuação da missão exigiu que Santo Inácio determinasse alguns *critérios* para o envio de jesuítas. Primeiramente, "o maior serviço de Deus e bem universal" (Const. 618), mas também a maior necessidade, o maior fruto esperado e o trabalho com pessoas influentes (Const. 622).

*

As últimas Congregações Gerais determinaram mais concretamente a missão da Companhia: o serviço da fé dirigido à justiça do Reino e dinamicamente relacionado com a inculturação do Evangelho e com o diálogo inter-religioso e ecumênico (NC 246). Recomendaram também nossa colaboração com outras entidades da sociedade e do mundo das religiões em vista de uma nova humanidade, bem como com leigos(as) nas atividades pastorais, nossas ou de terceiros.

*

Por apresentar distintos contextos, culturas, problemáticas e campos de evangelização, atualmente a enorme complexidade da sociedade moderna permite ao jesuíta, na fidelidade às orientações mais gerais, discernir, a partir de sua competência e inclinação, seu futuro campo de trabalho, certamente de modo realista, dentro das possibilidades da Companhia local e do parecer dos superiores. Contudo, a experiência de muitos anos na Ordem me convenceu de que o jesuíta, que seriamente opta por um trabalho futuro e sustenta sua opção ao longo dos anos de formação, dificilmente deixará de exercê-lo. Nada melhor que o jesuíta que se ocupa com o que faz com gosto!

*

Sendo a missão a finalidade suprema da Companhia de Jesus, um jesuíta não pode sacrificá-la, com prejuízo da missão, mesmo sofrendo ataques e calúnias de terceiros, devendo firmemente suportar as consequentes humilhações. Tal foi a reação de Santo Inácio quando se viu injustamente atacado e a Companhia ameaçada por calúnias e mentiras. Mas ele procurou lutar pela verdade, pois sabia que sem uma boa reputação a Companhia não poderia levar adiante sua missão em prol do Reino de Deus.

*

Sempre me impressionou o cuidado com a *qualidade* que demonstra a Companhia em suas atividades. Com os jesuítas aprendi a não me contentar com uma mediocridade tranquila e satisfeita. Aprendi isso no noviciado, ao ouvir do Padre Armando Cardoso: "qualquer atividade que vocês tenham na Companhia, façam-na com qualidade". E pude constatar sua verdade em nossos colégios e universidades, obras sociais, retiros espirituais, catequese dos mais simples. Pressentimos naturalmente quando uma obra ou um projeto não irá adiante por lhe faltar qualidade.

CAPÍTULO I.
A MISSÃO NA COMPANHIA DE JESUS

*

Durante meus anos de formação no Brasil e na Europa sempre senti alegria de pertencer a um grupo de pessoas unidas pela mesma espiritualidade e dedicadas a objetivos comuns. Embora vivendo em contextos, línguas, culturas diferentes, sempre experimentei que me entendia bem com os demais jesuítas. De fato, o que nos une é a missão comum, cujo sujeito é todo o corpo da Companhia (NC 255).

*

Confesso que sofri quando assumi sozinho uma paróquia num bairro periférico de Paris, pois os demais padres haviam partido em férias, ou quando vivi na Alemanha como capelão solitário numa casa de religiosas idosas, apesar de todas as atenções que recebi. Quando voltei a Roma, residindo então no Collegio Bellarmino, pude usufruir de uma comunidade numerosa, constituída por jesuítas de diferentes países e línguas, todos empenhados em diversas teses doutorais, e então me senti realmente em casa e feliz por ser jesuíta.

*

Em nossos dias, a realidade de uma comunidade em missão se encontra prejudicada e enfraquecida por várias razões: diminuição dos efetivos, obras numerosas, desafios mais complexos, aceleração do tempo, busca por eficácia, individualismo cultural, para citar algumas que me vêm à mente. Entretanto, existem hoje comunidades de jesuítas empenhadas numa mesma missão, cujos membros partilham não só seus trabalhos, mas também suas vivências pessoais, suas dúvidas e seus sonhos, concretizando o ideal de "amigos no Senhor". Em nossos dias, devido às mudanças socioculturais e às transformações na própria Igreja, mentalidades diversas estão presentes nas comunidades, exigindo muita compreensão e paciência mútuas no cotidiano comunitário.

*

A entrega generosa e total do jesuíta à missão tem por fundamento o *Exercício do Reino de Deus*, que nos ensina não podermos separar Jesus Cristo de sua missão. Quanto mais estivermos unidos realmente a Cristo, procurando identificar nossa vida com a sua, tanto mais colocaremos a missão no centro de nossa vida. Ela atuará como a *motivação fundamental* para nosso trabalho com Cristo pelo Reino, motivação esta que nos levará a uma vida de oração, de disciplina, de cuidado com a saúde, de estudo intenso, de trabalho sério, possibilitando-nos opções difíceis e encorajando-nos a ousadias inéditas.

*

Parece-me muito importante salvaguardar essa característica da Companhia de Jesus, pois vivemos numa época que dá primazia à quantidade e menos à qualidade, que avalia tudo pela repercussão que provoca no momento, que se submete às exigências da mídia e à lógica do espetáculo. É importante manter o nível das nossas produções de cunho intelectual, pastoral, ou espiritual.

*

Confesso que em minhas andanças pelo mundo sempre me chamou a atenção a multiplicidade de apostolados por parte de jesuítas. Um deles era capelão de ciganos e os acompanhava em seus deslocamentos; outro vivia com moradores de rua; outro trabalhava na *Specola Vaticana* (Observatório Astronômico do Vaticano);

outro era crítico de cinema; outro havia composto o hino nacional de seu país por ordem do presidente; outro se dedicava à pastoral dos LGBT+; outro frequentava círculos filosóficos ou psicanalíticos. Naturalmente a grande maioria está mais dedicada à área da educação e da espiritualidade, sobretudo nesta última, com a oferta dos Exercícios Espirituais e com a orientação cristã pessoal.

*

É a missão assumida séria e conscientemente que dá unidade a toda vida pessoal e às atividades empreendidas pelo jesuíta. Na multiplicidade de ocupações sucessivas que constituem sua existência, de contextos diversos de vida, de convivência com novos companheiros, de momentos gratificantes ou de situações críticas por ele experimentadas, o que mantem o jesuíta no rumo certo é sua *paixão por Jesus Cristo e sua missão*. Se esta lhe falta, falta-lhe tudo, e aí podem emergir os problemas pessoais, as exigências descabidas, e as fugas da vida comunitária.

*

É seu *amor pessoal* a Jesus Cristo que implica dedicação generosa à sua missão, sem que se possa estabelecer um determinado limite ao "mais" inaciano, que estimula o jesuíta à criatividade, à coragem profética, à resposta aos novos desafios e a se colocar na linha de frente dos embates teológicos, culturais e sociais. É esse amor que o faz aceitar missões difíceis, exigentes, pouco valorizadas, porém identificando-o mais com Cristo pobre e humilde.

*

É este mesmo amor que, diante de uma generosa oferta de meios à disposição para o melhor desempenho da missão, consegue renunciar a alguns deles, evitando gastos supérfluos, assumindo uma vida mais sóbria e mais semelhante à de Jesus Cristo, mesmo sem deixar de utilizar os instrumentos necessários para seu trabalho.

*

Por outro lado, minha experiência na Companhia revelou-me a generosidade, o estímulo e a confiança que ela deposita nos jesuítas que seriamente procuram se qualificar em seus setores apostólicos. Viagens ao exterior, aquisição de livros, participação em cursos e eventos, acolhimento em outros países, todos estes recursos, muitas vezes de difícil alcance para outras pessoas, são oferecidos a nós generosamente. Certamente decisiva neste procedimento é a importância dada pela Ordem à sua missão, para garantir a qualidade dos que são enviados para a vinha do Senhor.

*

Um dos trechos das Constituições que mais me impressiona é o referente à reta intenção que devemos ter em nossas múltiplas atividades. No fundo, trata-se de outra versão do *Princípio e Fundamento* dos Exercícios Espirituais aplicado à vida dos jesuítas. Em tudo que fizerem, devem realizá-lo em vista de Deus, ou como diríamos hoje, para o crescimento do Reino de Deus. E não para proveito próprio, vantagens pessoais, busca de prestígio ou de poder. E sim para ter o leme do barco apontado sempre para Deus em meio às reviravoltas do mar ou às vicissitudes inevitáveis dos múltiplos campos onde atua o jesuíta.

*

Neste particular o texto das Constituições é de grande profundidade e impõe que o citemos: "E sejam frequentemente exortados a procurar em todas as coisas a Deus Nosso Senhor, arrancando de si, quanto possível, o amor de todas as criaturas para o pôr todo no Criador delas, amando-o em todas, e amando a todas nele, conforme sua santíssima e divina Vontade" (Const. 288).

*

É exatamente esta reta intenção que permite ao jesuíta aquela liberdade de investir sua vida em missões valorizadas pela sociedade, do mesmo modo que em atividades simples ou quase anônimas, talvez até pouco reconhecidas. Num ou noutro caso é fundamental o espírito de serviço em função do Reino, a fidelidade sem motivações espúrias à vontade do Pai.

*

Encontramos jesuítas labutando entre esquimós ou entre indígenas brasileiros, solidários com os párias da Índia ou com os refugiados do Oriente Próximo, testemunhando a fé no mundo científico ou na sociedade secularizada, isolados em países de outras tradições culturais e religiosas, fiéis no serviço escondido e burocrático da própria instituição, mas todos eles animados pela mística comum do *serviço* ao Reino de Deus no seguimento de Cristo.

*

É a mesma mística que sustenta aqueles empenhados nas trincheiras da luta pela justiça neste mundo, como também os outros dedicados a expressar a fé em outras culturas, ou ainda os que consagram suas vidas a dialogar com outras religiões ou a proclamar a fé cristã numa sociedade pós-cristã. Mística que os sustenta quando sofrem reações contrárias, desconfianças, afastamentos, por se encontrarem à frente de seu tempo, sejam eles

Matteo Ricci ou Roberto de Nobili nas longínquas missões na Ásia, ou mais perto de nós intelectuais como Teilhard de Chardin ou Henri de Lubac. Presentes nas trincheiras mais avançadas da missão evangelizadora, nem sempre foram entendidos por seus contemporâneos, embora hoje tenham seus méritos reconhecidos pela própria Igreja.

*

Muitos anos atrás, hospedado em Paris com os jesuítas, entrei no refeitório para o almoço, e tocou-me ter ao lado um velhinho que, logo depois da oração costumeira, indagou-me de que país eu era. Daí por diante foi uma sucessão de perguntas sobre a Igreja e a Companhia no Brasil. Eu desconfiava quem era, mas não tinha coragem de olhá-lo de frente e nem mesmo tinha tempo para tal em razão de seu interesse por nosso país. No final, depois da oração de ação de graças, ele se virou para mim e agradeceu muito humildemente por tudo o que havia aprendido nesta refeição. Aí constatei que meu interlocutor era o Padre Henri de Lubac, um dos maiores teólogos do século XX, que iria marcar profundamente minha formação, não só por sua teologia, mas também por seu testemunho de vida.

*

Aliás, sempre me impressionou a dedicação integral, a disciplina diária, a seriedade com que alguns jesuítas, mais famosos no campo intelectual, se entregavam à missão a eles confiada, sabendo relativizar as dificuldades inevitáveis, contentando-se com o necessário para seu trabalho, sem maiores exigências. Experimentei isso por ocasião de um curso que dei na Gregoriana, em Roma. Edificou-me muito a vida austera e exigente de seus professores, a qual contrastava com a ampla repercussão de suas aulas e escritos por toda a Igreja.

*

Naturalmente a longa formação dos jesuítas capacita-os a perceber melhor os desafios de seu tempo e assim orientar a Igreja, juntamente com outros, na busca de soluções adequadas. Certa vez ouvi de um antigo presidente da CNBB que ele excluía qualquer nome de jesuíta para o episcopado, pois a Igreja não deveria se privar de bons assessores!

*

Reconheço que a longa formação pode levá-los a se sentirem superiores, a carecerem da humildade necessária e ainda a terem dificuldade para o diálogo e para a escuta dos demais na Igreja e na sociedade. Entretanto, hoje o conhecimento produzido é tão vasto que mais ignoramos do que sabemos, a tal ponto que às vezes nos sentimos como estranhos nesta sociedade moderna e pluralista. Ainda mais que a emergência de uma Igreja sinodal no futuro nos obriga a sabermos dialogar mais, a valorizar opiniões diferentes e a acolher colaborações de terceiros.

*

Com relação à presença ativa do laicato em suas obras, a Companhia dispõe de uma sólida e confirmada espiritualidade, já bem assimilada e transmitida por muitos leigos e muitas leigas. Mas falta ainda definir melhor um *vínculo institucional* com o laicato inaciano que conosco trabalha, para que também tenham uma identidade social. Sua presença, sobretudo em colégios e universidades, já constitui um fato inegável.

*

Embora o contato direto com as pessoas seja fundamental, não podemos abarcar todos os múltiplos setores da educação, que exigem pessoas devidamente qualificadas em nossas instituições de ensino. Mas recordo com saudade de meus tempos de aluno do Colégio Santo Inácio, quando tínhamos sempre um jesuíta por perto como educador, confessor ou simplesmente como amigo que sabia nos escutar e aconselhar.

*

A missão da Companhia de Jesus se caracteriza também pelo "*magis*", a saber, querer sempre realizar mais e melhor. Característica já presente no imaginário medieval, assimilada pelo nobre Iñigo e posteriormente por Inácio em seu zelo religioso. A maior glória mundana se transforma na "maior glória de Deus", que implica também "maior semelhança com Cristo", ou mesmo "maior serviço ao Reino de Deus", ou ainda "maior realização da vontade de Deus".

*

Ela apresenta uma característica dinâmica: não se deter no já alcançado, mas avançar sempre. Pode se referir, à quantidade ou à qualidade do que é empreendido, e deveria caracterizar as atividades da ordem. Mas sempre tendo em consideração a pessoa em concreto, suas qualidades e suas limitações, bem como os desafios próprios do contexto, os recursos disponíveis etc. Pode também se realizar pela cruz e pelo sofrimento, como aconteceu com Jesus Cristo.

*

O *magis* inaciano implica uma pessoa livre diante da tarefa evangelizadora pelo Reino de Deus. Esta disposição básica possibilita que o Espírito Santo, o inspirador da opção a ser tomada, possa ser percebido em sua ação pelo Reino de Deus. Certamente homens como João XXIII, na Igreja, ou Pedro Arrupe, na Companhia, souberam concretizar no momento histórico respectivo a inspiração do Espírito Santo por serem homens sensíveis ao maior serviço pelo Reino.

*

A missão é de tal modo intrínseca à vida do jesuíta que não admite aposentadoria. De fato, mesmo aqueles que externamente não mais estão em atividade, seja pela idade avançada, seja por limitações de saúde, continuam comprometidos na missão comum, com suas orações pela Igreja e pela Companhia e, portanto, continuam companheiros na missão.

I

II
MÍSTICA INACIANA

Certamente o cristianismo é uma religião com raízes na história de um povo. Entretanto é também uma religião mística, não no sentido de se fundamentar apenas na interioridade humana, mas de implicar e pressupor necessariamente uma experiência de cunho místico em sua realidade.

*

Pois o cristianismo afirma a presença de Deus na *história*, seja na pessoa de Jesus Cristo, seja na ação do Espírito Santo. Entretanto Deus é transcendente, é mistério para o ser humano, jamais pode ser dominado e restrito ao âmbito limitado do conhecimento humano, voltado para realidades finitas. Consequentemente é o próprio Deus que nos faz acolher Jesus Cristo como Filho de Deus (Jo 6,44), é o próprio Espírito Santo que nos leva a confessar Cristo como Senhor (1Cor 12,3) e a nos sentir filhos de Deus (Rm 8,16).

*

Também a ação salvífica de Deus é misteriosa como o próprio Deus. Embora dela tenhamos certa "consciência", não podemos tê-la como objeto claro de conhecimento. Por acontecer em nosso íntimo, em nosso coração, como expressa a Escritura, goza de uma *evidência subjetiva* da parte dos que a experimentam, embora dificilmente expressa com termos adequados. Daí as expressões nascidas da experiência pessoal que encontramos no Novo Testamento: "provar que o Senhor é bom" (1Pd 2,3), "provar o dom celeste", "saborear a excelente Palavra de Deus" (Hb 6,4s), experimentar a consolação (2Cor 1,5), ou a alegria (Rm 15,13), fatos que não devem ser esquecidos (Gl 3,2-4).

*

Portanto, na fé cristã o histórico e o místico se compenetram, interagem, e se descaracterizam e desvalorizam quando concebidos separadamente. Em Jesus Cristo temos o paradigma fundamental de qualquer espiritualidade cristã, não só porque não podemos prescindir da sua pessoa, mas também porque nele o divino se encontra no humano e o humano remete ao divino.

*

Foi pela convivência com Jesus que os primeiros discípulos vislumbraram nele não apenas um homem, graças ao fato de terem assumido a mesma modalidade de vida do mestre itinerante, embora não conseguissem expressar o que haviam captado. Sentiam, pressentiam, intuíam, mas só conseguiriam expressar esta experiência pessoal sob a ação do Espírito Santo depois da ressurreição de Jesus, como comprovamos das palavras de Pedro: "Tu és o Cristo, o Filho do Deus vivo" (Mt 16,16) e "Tu és o Santo de Deus" (Jo 6,69). A mesma coisa foi afirmada por São Paulo: "Ninguém pode dizer: Jesus é Senhor, a não ser pelo Espírito Santo" (1Cor 12,3).

*

A ação do Espírito Santo nas primeiras comunidades cristãs é descrita por São Paulo ao justificar a diversidade de carismas (dons) entre seus membros, todos provenientes do mesmo Espírito (1Cor

12,4-11), todos se completando uns aos outros (1Cor 12,12-30) e todos concedidos em vista da edificação da comunidade (1Cor 14,12). Por se tratar de uma intuição, ou de uma tomada de consciência, e não de um conhecimento explícito, São Paulo alerta para o perigo de ilusões ao exigir que se faça sempre um discernimento da experiência subjetiva (1Ts 5,21).

*

O divino só se manifesta no humano, mas este só o desvela quando o contempla sob a ação do Espírito Santo. Daí São João poder declarar: "O que ouvimos, o que vimos com nossos olhos, o que contemplamos e nossas mãos tocaram do Verbo da vida" (1Jo 1,1), embora tudo isso retrate apenas a experiência que teve com Jesus. A fé, entretanto, o fez ver o Verbo da vida, o Filho eterno de Deus. Só Deus pode nos levar a Deus.

*

A fé em Jesus Cristo nos permite ver a realidade como Jesus a via, descobrindo nas flores e nas aves a presença atuante de Deus que faz o grão germinar e o sol brilhar para todos. E toda a sua pessoa remetia ao Pai, para quem vivia. "Quem me vê, vê o Pai" (Jo 14,9). Portanto, ter fé em Jesus não significa apenas acolher sua visão de mundo, mas também assumir sua existência voltada para o Pai e para os semelhantes, sobretudo para os mais necessitados. Quanto mais se assume a existência de Jesus Cristo, tanto mais se vislumbra o mistério de Deus, pois "ninguém conhece o Pai a não ser o Filho" (Mt 11,27).

*

Acolher a pessoa de Jesus Cristo significa assumir seu modo de vida, sua existência peculiar, e assim se capacitar a ter experiências semelhantes às do próprio Cristo. Portanto, ele nos oferece não só o quadro interpretativo, mas também nos possibilita vivências próprias do mistério que chamamos Deus. O termo aqui usado é importante: não se trata de um conhecimento como fazemos com a realidade deste mundo, porém mais propriamente de uma *consciência* da presença atuante de Deus em nós.

*

Por atingir a pessoa em seu núcleo, em sua intimidade mais profunda, na qual as diversas faculdades ainda se encontram unidas (inteligência, imaginação, liberdade, afetividade, memória) — a saber, o coração na linguagem bíblica — esta ação divina goza de uma *evidência subjetiva* por parte de quem a experimenta, sem que a pessoa consiga traduzi-la perfeitamente em conceitos e convencer outros do que lhe parece evidente. Pois ela própria está intimamente implicada nesta percepção, semelhantemente a alguém que ama e não encontra palavras suficientes para expressar o que experimenta.

*

Esta experiência mística nunca é perfeitamente clara e transparente pelo simples fato de que nela se faz presente e atuante o mistério de Deus. Portanto, trata-se de um conhecimento envolto em mistério e sujeito a pseudopercepções e a falsas interpretações. Daí a necessidade de que tais experiências sejam examinadas, que sejam objeto de um *discernimento* (Rm 12,2; Ef 5,10), como já advertia São Paulo.

*

Tal como vimos, esta *mística fundamental* aparece como uma realidade intrínseca à vida do cristão. Ela constitui mesmo o fundamento indispensável de toda e qualquer mística que se pretenda cristã. Pois a diversidade das místicas no interior do cristianismo provêm de fatores humanos, conjunturas históricas, linguagens disponíveis, que acabam por acentuar e tematizar mais alguns aspectos do que outros. Mas nenhuma delas pode prescindir da pessoa de Jesus Cristo (Mt 11,27).

*

Portanto, toda espiritualidade cristã que brota da ação do Espírito inevitavelmente se encontra enraizada numa determinada época, num contexto sociocultural e eclesial concreto, às voltas com os desafios nele presentes. Consequentemente apresentará uma configuração singular que a caracterizará. Entretanto, seu sentido é o mesmo das demais espiritualidades cristãs, a saber, remeter o fiel para o âmbito do divino, levá-lo a experimentar a ação amorosa de Deus na ação contínua do Espírito Santo nos corações humanos.

*

Como as demais, a mística de Santo Inácio apresenta características próprias que refletem as experiências pessoais por ele vividas. Sua preocupação em fazer com que outros pudessem também experimentar a ação de Deus que transformou completamente sua vida o levará a anotar o que dela aprendeu, seja com relação a seu conteúdo, seja no que concerne ao processo desta valiosa experiência. Tais anotações constituem o pequeno livro conhecido como "Exercícios Espirituais".

*

Portanto, a finalidade do retiro inaciano é levar a pessoa a seguir as etapas de uma experiência que culmina numa mística. Para os estudiosos, ela constitui o *coração* da espiritualidade inaciana, o objetivo último dos Exercícios, a meta da pedagogia espiritual da Companhia de Jesus. A expressão "contemplativo na ação" não a traduz corretamente, pois não é de Santo Inácio, e sim de Jerônimo Nadal, que observa Santo Inácio ser também contemplativo na oração.

*

Mais correta é a expressão "buscar e encontrar a Deus em todas as coisas" que exprime com maior precisão a vivência espiritual crescente em Inácio, o qual nos últimos anos de vida afirmava: "sempre e a qualquer hora que queria encontrar a Deus, o encontrava" (*Autobiografia* 99). E sobre a oração dos estudantes jesuítas, limitada pelos estudos intensos, recomendava que se exercitassem "em buscar a presença de Nosso Senhor em todas as coisas, como ao conversar com alguém, ver, saborear, ouvir, entender e em tudo o que fizermos" (MHSI *28, Ep. Ign. III, 510*).

*

Deve-se advertir que não se trata de uma metodologia ou de uma modalidade de oração, pois Inácio oferece diversas no livro dos Exercícios Espirituais. Aqui se pretende algo maior: uma *atitude de fundo*, uma vivência cristã básica construída ao longo da vida e que nos possibilita o encontro com Deus em tudo. O santo costumava recomendar aos jesuítas que alcançassem o que ele chamava de uma "familiaridade com Deus", outra expressão da mesma realidade.

*

Numa Ordem apostólica, de vida ativa, o tempo empregado em "ajudar as almas" não deveria implicar uma pausa na união com Deus experimentada na oração, mas apenas outra modalidade deste encontro. Este objetivo essencial dos Exercícios Espirituais aparece já na primeira anotação: tirar de si as afeições desordenadas "para buscar e encontrar a vontade divina na disposição de sua vida" (EE 1) e tem sua expressão final no pedido da contemplação para alcançar o amor: "para que eu possa em *tudo* amar e servir sua Divina Majestade" (EE 233).

*

A fundamentação teológica oferecida por Inácio aparece primeiramente no próprio texto da contemplação para alcançar amor: Deus habita nas criaturas, trabalha por elas e é a fonte de todos os bens (EE 235-237). O estilo denuncia a teologia escolástica de seu tempo e indica que este texto foi escrito em Paris. Mas estes três pontos são precedidos por outro que os qualifica profundamente: todos estes bens recebidos (termos sido criados, salvos, agraciados com dons particulares) provêm de um Deus que nos ama e quer se doar a nós (EE 234). Inácio contempla a Santíssima Trindade *em ação por nós* e quer nos levar a sintonizar com esta ação, a colaborar com o projeto de Deus para a humanidade, com a realização do Reino de Deus.

*

Estamos tocando na *coluna mestra* da vida cristã, a ser construída ao longo de toda uma vida, que em tudo (coisas, eventos, pessoas, atividades, espiritualidades) mantém a reta intenção de buscar e encontrar Deus, ou, com outras palavras, de amar a Deus sobre todas as coisas (Mc 12,30). Inácio apresenta uma espiritualidade que não se limita ao setor "religioso" da vida humana, que desfaz o dualismo teológico de seu tempo que opunha natureza e graça, erro corrigido apenas séculos mais tarde pela teologia, mas já intuído em sua experiência mística.

*

Esta atitude de fundo constitui o critério decisivo para a autenticidade da vida cristã, pois muitos discursos e ações "religiosas" podem ser instrumentalizados em proveito da própria pessoa, que deles se serve para seus objetivos interesseiros. E também ao contrário, discursos e atividades não propriamente religiosas podem concretizar respostas consistentes a Deus, seja na vida familiar, profissional ou mesmo social. É o que poderíamos caracterizar como a fé realmente vivida, diversa daquela dos fariseus (Mt 23,2s). Esta característica levará os jesuítas a se envolverem com todos os setores da sociedade conferindo uma dimensão *universal* a seu apostolado na Igreja, atuando no âmbito da educação, da ciência, das artes, da vida social.

*

Porém, Inácio apresenta outra fundamentação teológica mais fundamental. Deus não só nos concede seus dons, mas se *dá a si próprio* (EE 234). Deus é amor e desta fonte provém todo amor (EE 237). Este amor motiva nossa criação e todos os bens que recebemos. Portanto, a resposta humana não deve brotar de um mandamento ou de uma norma a ser cumprida, mas de uma *gratidão* sensibilizada pelo gesto de Deus. Só o amor desperta o amor. O relacionamento com Deus deve ser gratuito e pessoal, como foi o gesto primeiro do próprio Deus.

*

Mas um amor realista que não se limita a sentimentos e bons propósitos, mas que se comprova nas obras (EE 230), a saber, numa vida de *serviço pelo Reino de Deus*. "Em tudo amar e servir à sua Divina Majestade" (EE 233) aparece, portanto, como uma síntese da vida cristã e implica uma mística de ação, fator que caracteriza a mística inaciana.

*

A experiência pessoal que Inácio teve com o gesto de Deus, fundamentada nos dons recebidos, não só explica sua mística de serviço, como também sua preocupação em não fixar limites à resposta humana. A expressão latina *"Deus semper maior"* significa que não podemos limitar, fixar ou manipular a vontade de Deus. Pois o amor não se deixa aprisionar. E como a resposta humana deve brotar do amor, também ela não admite ser confinada a certas ações, já que impulsionada pelo "mais" provindo do amor. Daqui se entende o dístico da Companhia de Jesus *"ad maiorem Dei gloriam"*. Ele imprime um caráter de dinamismo às atividades empreendidas, faz ultrapassar as referências familiares quando a situação se transforma e provoca maior exigência de qualidade e de intensidade.

*

Entretanto, Santo Inácio é bastante realista quando trata da nossa resposta ao amor infinito de Deus por nós. Toda a sequência das contemplações, sobretudo as meditações típicas do santo (Reino, Duas bandeiras, Três tipos de pessoas e Três graus de humildade), procura preparar a pessoa para responder livre e responsavelmente ao gesto primeiro de Deus manifestado plenamente na pessoa de Cristo.

*

Já nas anotações iniciais, Inácio observa que o exercitante deve entrar no retiro "com grande ânimo e generosidade", oferecendo a Deus "todo o seu querer e liberdade" para que Deus dele se sirva conforme sua vontade (EE 5). Esta oferta é retomada no final dos Exercícios, na contemplação para alcançar o amor: "Tomai, Senhor, e recebei, toda a minha liberdade, minha memória, meu entendimento e toda a minha vontade. Tudo o que tenho ou possuo, vós me destes. A vós, Senhor, restituo. Tudo é vosso. Disponde de tudo segundo a vossa santíssima vontade" (EE 234).

*

Observemos, entretanto, que esta contemplação situada no final dos Exercícios Espirituais pressupõe as etapas anteriores das sucessivas semanas, a saber, a vida de Jesus, sua paixão e morte de cruz, bem como sua ressurreição. Esta vida tanto exprime e comprova o amor de Deus por nós (1Jo 4,9s), quanto constitui a expressão e a comprovação da autêntica resposta a Deus, que deve ser *crística*, guiada e conforme a de Jesus Cristo.

*

Pois Jesus Cristo configurou sua vida, construiu sua história, revelou sua identidade, vivendo sempre uma obediência filial ao Pai e indicando assim como devemos proceder para sermos também autênticos filhos de Deus. Não esqueçamos igualmente que, ao assumirmos a existência filial de Cristo, é decisiva a ação do Espírito Santo (1Cor 12,3), Espírito de Cristo ressuscitado a nos iluminar e fortalecer em nossa caminhada para o Pai no seguimento de Jesus Cristo (Gl 5,25). A Santíssima Trindade está intimamente presente e atuante na mística inaciana, mística do compromisso pelo Reino de Deus, mística nascida da gratidão pelos bens recebidos, mística que nos leva a "em tudo amar e servir à sua Divina Majestade" (EE 233).

*

Como a resposta humana ao gesto primeiro de Deus se dará sempre mediante opções concretas, constituídas por ações, iniciativas, planejamentos, empreendimentos, orações, asceses, é importante em todas elas a devida *reta intenção*. O texto das Constituições da Companhia de Jesus é preciso: "Todos se esforcem por ter a intenção reta, não somente quanto ao estado de vida, mas também quanto a todos os seus pormenores, pretendendo sempre puramente servir a divina Bondade, e agradar-lhe por causa de si mesma, e por causa do amor e benefícios singulares com que nos preveniu, mais que por temor do castigo ou esperança do prêmio, embora também disso se devam ajudar. E sejam frequentemente exortados a procurar em todas as coisas a Deus Nosso Senhor, arrancando de si, por quanto é possível, o amor de todas as criaturas para o pôr todo no Criador delas, amando-o em todas, e amando a todas nele, conforme sua santíssima e divina Vontade" (Const. 288).

*

Aqui Santo Inácio demonstra sua convicção de que Deus está ativamente presente em toda a realidade criada. "Amando-o em todas" significa buscando encontrá-lo em tudo, já que Ele a tudo dá vida e sustento. "Amando a todas nele", a saber, amando-as na fidelidade à vontade de Deus, e não com um amor egoísta. Daí ser decisiva a reta intenção em nossa vida de fé. Pois podemos realizar muitos trabalhos na Igreja, assumir cargos, fazer o bem a muita gente, tomar iniciativas, emitir um discurso pelos pobres, porém visando a nossos interesses pessoais. Por brotarem da vaidade, da vontade de poder, da afirmação pessoal, quantas atividades desenvolvidas na Igreja mais prejudicam do que ajudam a realização do Reino de Deus!

*

A importância central que Inácio atribui à reta intenção aparece claramente na oração preparatória que precede todas as meditações e contemplações dos Exercícios Espirituais: "pedir graça a Deus Nosso Senhor para que todas as minhas intenções, ações e operações sejam puramente ordenadas a serviço e louvor de sua Divina Majestade" (EE 46). O termo "operações", sempre no plural, indica que devemos estar atentos aos diversos mecanismos e motivações que influem quando tomamos uma decisão ou realizamos uma ação.

*

Do mesmo modo, o sentido do *exame de consciência* para Santo Inácio, entendido como um exame que busca perceber as moções, a ação de Deus em nós, anterior mesmo às nossas ações. Mais do que um exame de nossos atos, vem a ser uma tomada de consciência dos nossos movimentos interiores para neles discernir o que vem de Deus, o que reforça e renova nossa identidade cristã, o que nos forma um coração capaz de encontrar Deus em tudo. Trata-se de um aprendizado que cresce gradualmente. Fator decisivo em nossas múltiplas atividades é saber se elas correspondem realmente à vontade de Deus e se concretizam respostas nossas às interpelações divinas em nós.

*

Na vida espiritual devemos ser movidos não por nós mesmos, mas pelo Espírito de Deus (Rm 8,14). Esta averiguação diária constitui o exame daquele que vive conscientemente sua fé. Lento aprendizado do modo como Deus age em nós pelo seu Espírito para nos assemelhar a seu Filho. Somos seres livres e vivemos constantemente realizando determinadas ações. O que realmente nos move a realizá-las? Este exercício cotidiano de discernimento das moções é típico da espiritualidade inaciana e nos ensina a encontrar a Deus em todas as coisas.

*

Em seu contexto original o "buscar e encontrar Deus em todas as coisas" vinha ao encontro da alternativa oração ou ação, vida contemplativa ou vida ativa, vida de fé ou vida cotidiana, sem dúvida uma questão de peso para uma nova ordem religiosa voltada para a missão. A solução inaciana permite que seus membros possam encontrar Deus não só nos momentos de oração, mas também em meio às atividades pastorais.

*

Hoje, com o advento de uma sociedade secularizada e com a crise da representação tradicional de Deus, a intuição de Inácio ganha grande peso. Trata-se de encontrar a Deus numa sociedade sem Deus e muito secularizada. Portanto, ela não constitui apenas matéria piedosa e edificante, mas muito pertinente em nossos dias. Vejamos como a própria revelação de Deus a justifica.

*

A fé cristã já apresenta a criação como um evento salvífico, enquanto toda ela está voltada para a encarnação da segunda Pessoa da Trindade. "Para nós há um só Deus, o Pai, de quem tudo procede, e para o qual nós vamos, e um só Senhor, Jesus Cristo, pelo qual tudo existe e pelo qual nós existimos" (1Cor 8,5s). Na mesma linha a Carta aos Efésios (Ef 4,6) e aos Colossenses (Cl 1,15-20). Com outras palavras: o sentido último do mundo criado, incluída a humanidade, é realizar o que fez Jesus Cristo ao longo de sua vida: ser filho na obediência ao Pai.

*

Consequentemente podemos afirmar que o Filho de Deus é a nossa matriz original, é a meta que nos permite chegar à finalidade para a qual fomos criados. Portanto, a relação a Deus expressa na atitude filial de Jesus Cristo é a verdadeira identidade de toda criatura, embora apenas no ser humano consiga ser consciente e expressa.

*

Mas a ação criadora de Deus não se limita ao início do mundo, pois Deus conserva e sustenta toda a realidade criada por meio do que conhecemos como uma "criação contínua". E ele o faz por intermédio de seu Espírito, que dá vida e ação a todas as criaturas. "Envias o teu sopro, são criados, e renovas a face da terra" (Sl 104,30). A ação do Espírito não se limita só ao âmbito espiritual do ser humano, como aparece claramente em Paulo e João, já que atua também em qualquer ser, criado para o Pai, voltado para Cristo e continuamente dinamizado pelo Espírito, dinamismo este que quer levar todos os seres a se tornarem filhos de Deus a exemplo de Jesus Cristo.

*

Sempre presente no mundo, em certo sentido o Espírito Santo lhe é imanente, compenetrando-o e vivificando-o por dentro. Nada há puramente profano ou sem Deus, pois no fundo de toda a realidade lateja a presença atuante do Espírito Santo. Daí Paulo poder escrever que toda a criação "será libertada da escravidão da corrupção para participar da liberdade e da glória dos filhos de Deus" (Rm 8,21).

*

Deste modo, dizer que Deus está presente em todo o mundo criado significa mais propriamente afirmar que o Espírito Santo está continuamente atuando para levar todo este mundo a assumir a atitude filial de Jesus Cristo, sempre fiel à vontade do Pai. Esta afirmação vale para a natureza, as pessoas, as decisões humanas, os eventos, enfim para toda a realidade. Sintonizar-se com este dinamismo de Deus significa acolher a ação do Espírito Santo, assumir em nossas vidas a pessoa e a existência de Jesus Cristo, realizar a vontade do Pai e assim *encontrar Deus em qualquer realidade criada!*

*

O *dado objetivo* da presença atuante do Espírito fornece o fundamento, mas não garante que realmente consigamos captar esta presença. Há condições de cunho *subjetivo* sem as quais não conseguiremos encontrar Deus na realidade. Já vimos como Santo Inácio exigia a reta intenção e a liberdade interior, alcançadas na adesão generosa a Jesus Cristo e ao Reino de Deus e mantida viva e atual com a importante ajuda do exame de consciência.

*

Podemos sintetizar estas condições num *compromisso existencial* com a pessoa de Jesus Cristo. Este compromisso implica primeiramente saber *olhar* a realidade e as pessoas como Jesus as via. Por olhar entendemos aqui a percepção própria que toda pessoa tem da realidade e de seus semelhantes. De fato, todos nós os vemos a partir de uma ótica determinada que muito determina nossa avaliação e posterior ação. Jesus Cristo olhava a realidade como manifestações do amor do Pai: lírios do campo, pássaros do céu, sementes germinando, sol e chuva, pobres, enfermos, pecadores e marginalizados de seu tempo. Assim enxergava mais do que simplesmente percebia seu órgão visual.

*

Daí decorria o também significativo *agir de Jesus Cristo*. Pois cada opção sua significava fidelidade perfeita à vontade de Deus, cada ação sua implicava revelação de um encontro pessoal com Deus em sua vida concreta. Podemos assim melhor entender porque Jesus é o *caminho* para o Pai (Jo 14,6), ou em outros termos, o caminho para um encontro com Deus. Portanto, não há possibilidade de um encontrar Deus em todas as coisas, eventos, pessoas, opções pessoais, que possa prescindir da pessoa e da vida de Jesus Cristo. Pois neste caso estaríamos lidando com uma projeção da nossa imaginação a quem denominamos deus, mas não com o Deus de Jesus Cristo.

*

Nosso encontro com Deus não elimina que ele seja um *mistério* para nós. Pois no encontro experimentamos que ele ultrapassa nossa percepção, supera nossa avaliação, transcende o próprio encontro, levando-nos a querer encontrá-lo outra vez e demonstrando que a sede de Deus, motivada pelo próprio Deus, já é um sinal de sua presença em nós.

*

Naturalmente este aprendizado de encontrar Deus na vida cotidiana, assumindo a existência de Jesus Cristo na fidelidade à ação do Espírito Santo, pressupõe um *processo longo*, que moldará aos poucos um novo modo de ser e de agir, dotando a pessoa de um sentido especial, que Inácio dizia ter conseguido nos últimos anos de sua vida. Trata-se de uma "cristificação" da própria existência, tão bem expressa por Paulo: "não sou mais eu, é Cristo que vive em mim" (Gl 2,20).

*

Confesso que é mais fácil caracterizar a mística inaciana do que realmente vivê-la. Podemos experimentá-la muito pessoalmente por ocasião dos retiros espirituais que nos oferecem condições especiais de silêncio, de tempo e de orientação espiritual. Gostaríamos muito de levar o que experimentamos nestes dias de paz e consolação para a nossa vida cotidiana, mas nem sempre conseguimos como desejaríamos.

*

Trata-se, portanto, de um longo processo conduzido pelo Espírito Santo por toda nossa vida, vencendo nossas resistências interiores, nossos medos, nossa falta de generosidade, nosso egocentrismo, nossa infidelidade a uma séria vida de oração, ou mesmo por estarmos imersos em atividades e compromissos que ocupam toda nossa atenção.

*

Não se trata de fugir para um mosteiro ou convento em busca de condições mais propícias. E sim de viver *de outro modo* nossa existência de todo dia por meio de um novo olhar, de uma nova leitura da realidade, de uma nova compreensão das pessoas. Pois encontrar a Deus em todas as coisas implica também encontrá-lo nas pessoas. Não só contemplativo na ação, mas também *na relação*. Portanto, no fundo se trata de assumir o olhar e o agir de Jesus como instância fundamental, que não só nos identifica mais com ele, mas também nos sintoniza com o Pai presente e atuante em nossa vida por meio do Espírito Santo.

*

A mística inaciana é tarefa para toda nossa existência, proporcionando-nos uma surpreendente qualidade de vida, uma paz interior, uma relativização contínua dos incidentes inevitáveis, ainda que exteriormente nada pareça ter mudado. Agradeço a Deus por ter posto, em meu caminho jesuítas e não jesuítas que viveram esta mística com toda simplicidade e sobriedade. Muito aprendi com eles.

III
COMPANHIA DE JESUS E LAICATO NA MISSÃO

Vivemos hoje uma nova consciência eclesial que atinge também a Companhia de Jesus. Trata-se de uma característica dos primeiros séculos da Igreja posta em segundo plano na história, mas que hoje emerge com muita força: a *sinodalidade* da Igreja Católica. Todos os seus membros constituem o Povo de Deus, todos são membros *ativos* na proclamação e realização da grande missão de Jesus Cristo em prol do Reino de Deus. Esta comunhão e participação ativa de todos na Igreja não deixa de repercutir no interior da Companhia de Jesus.

*

A proclamação e realização do que Jesus chamava o *Reino de Deus* define sua missão e igualmente é inseparável de sua pessoa, toda ela voltada para este objetivo, já presente no Antigo Testamento pela escolha de Israel como Povo de Deus encarregado de anunciar o projeto salvífico de Deus para toda a humanidade. Jesus retoma este encargo e proclama ao iniciar sua vida pública: "Cumpriu-se o tempo, e o Reino de Deus está próximo: convertei-vos e crede no Evangelho" (Mc 1,15).

*

Inicia sua missão com ensinamentos e curas e chama os apóstolos para ajudá-lo enviando-os com a mesma missão (Mc 6,7-13), confirma-os na fé depois de sua ressurreição, enviando o Espírito Santo (At 1,8) e incumbindo-os de continuarem sua missão ao longo da história (Mt 28,19s). E é esta missão que caracteriza e identifica o cristão sem mais. Consequentemente ele recebe o batismo, se nutre da Palavra de Deus e da eucaristia, torna-se membro de uma comunidade missionária chamada Igreja, cuja razão de existir é exatamente a difusão do Reino de Deus.

*

As cartas de Paulo já nos mostram que esta missão, dentro e fora da comunidade, era exercida por todos, embora diversamente, conforme os carismas distribuídos pelo Espírito Santo (1Cor 12 e 14). E de fato o cristianismo teve em seus primeiros anos uma surpreendente difusão, devida em grande parte aos testemunhos de vida dos cristãos e às suas palavras iluminadoras.

*

Infelizmente esta realidade sofreu profunda mudança ocasionada por várias razões, como o surgimento de heresias a ser refutadas, o aumento do número dos cristãos, e principalmente pelo fato do cristianismo se ver erigido no século IV como religião oficial do Império romano. Desde então em sua realidade institucional deveria assumir as características provindas da sociedade romana monárquica e fortemente hierarquizada, investindo as autoridades eclesiásticas de honra e de poder.

*

Esta configuração institucional que ocasiona o surgimento de uma classe clerical privilegiada irá perdurar e se fortalecer na Idade Média, agravada pela enorme distância cultural entre o clero e o laicato desta época. Tal situação irá se prolongar e agravar ao longo do tempo, dando lugar a um clero ativo e dotado de poder diante de uma maioria leiga passiva e sem voz. Tal situação só irá receber a devida correção no Concílio Vaticano II. Este representa um marco importante na história da Igreja ao concebê-la como *Povo de Deus*, como uma comunidade de fiéis na qual *todos* são membros ativos no desempenho da missão de evangelizar o mundo (AA 2), por força do próprio batismo que receberam e não por algum mandato da hierarquia (AA 3; LG 33).

*

Naturalmente o processo iniciado no Concílio Vaticano II continua em andamento, pois os textos conciliares ainda buscam ser devidamente traduzidos em correspondentes estruturas institucionais, embora alguns passos já tenham sido dados. Prova disto é o Documento de Aparecida, que pleiteia uma mudança de mentalidade, especialmente do clero (DAp 213), assim como a supressão de estruturas ultrapassadas (DAp 365). O mesmo documento pede maior participação do laicato na tomada de decisões (DAp 371), confiando-lhe ministérios e responsabilidades (DAp 211).

*

Esta missão salvífica provinda de Deus e endereçada a *toda a Igreja* (LG 9) será reafirmada e promovida pelo Papa Francisco, como já aparece em sua programática Exortação Apostólica *Evangelii Gaudium*: todo batizado é um sujeito ativo de evangelização (EG 120), fato este que constitui mesmo sua identidade (EG 273). Entretanto, o Papa também reconhece a dificuldade do laicato em realizar esta missão em razão de um excesso de clericalismo (EG 102), embora considere diminuído seu impacto ao valorizar o "sentido da fé" da totalidade dos fiéis (EG 119), assim como a importância da piedade popular (EG 122). Num discurso por ocasião do 50º aniversário da instituição do Sínodo dos Bispos, o Papa justifica a consulta prévia ao Povo de Deus e enfatiza que a Igreja deve saber escutar a todos, utilizando a imagem da pirâmide invertida.

*

O dado de fé que fundamenta todo o esforço por uma Igreja Sinodal, na qual todos caminhem juntos, está na ação universal do Espírito Santo em todos os seus membros. Entretanto, tal ação, quando acolhida, o será sempre por uma pessoa concreta que a entenderá e expressará a partir do que ela mesma é, a saber, de seu passado, de suas experiências, de sua cultura, de sua linguagem, de seus desafios etc. Mas deve ficar claro que esta ação do Espírito Santo é sempre *primeira*, mesmo quando interpretada à luz da fé, podendo se manifestar em expressões e práticas diversas devido à diversidade dos que a recebem.

*

Esta atividade do Espírito Santo, responsável pelo que conhecemos como o "sentido da fé", não diz respeito apenas ao conhecimento doutrinal como é tradicionalmente caracterizado (*Dei Verbum* 8), mas atinge também o âmbito da ação. Deste modo, pode inspirar igualmente opções concretas de cunho moral, pastoral, social etc. Trata-se de uma conclusão importante para a vida e a missão da Igreja, pois esta deve se confrontar com a complexa realidade sociocultural diversamente experimentada por seus membros. Consequentemente eles poderão ter acesso a facetas, linguagens e desafios diversos, próprios de seu contexto sociocultural e talvez não conhecidos pelas autoridades eclesiásticas, podendo assim oferecer uma contribuição valiosa para a missão da Igreja.

*

Pois a ação do Espírito Santo designa não apenas funções diversas para os membros da comunidade, mas também os inspira a traduzir esta ação não só em linguagens correspondentes, mas também em instituições e estruturas que melhor a possam mediatizar. Ele é assim responsável pela *configuração institucional* da comunidade de fiéis. Verdade de grande importância para a Igreja que, fiel à sua vocação missionária, deve se adaptar ao contexto sociocultural onde se encontra, como se deu com as primeiras comunidades neotestamentárias.

*

Sendo a Igreja uma comunidade inteiramente voltada para a proclamação e a realização do Reino de Deus, toda ela está a serviço desta missão que lhe confere sua própria identidade, a saber, todos os cristãos são não apenas membros ativos, mas também gozam de certa *autoridade* de ministros do Reino de Deus.

*

O vocábulo grego para autoridade no Novo Testamento é "exusia" que significa o encargo (e, portanto, o direito) de fazer algo, provindo de uma instância superior. Assim a autoridade do próprio Jesus Cristo pela missão recebida do Pai (Mt 28,18), assim o poder dos ministros no Novo Testamento que é de cunho funcional, a saber, levar adiante a missão de Jesus Cristo. Daí o sentido do dito: "Quem vos escuta, me escuta" (Lc 10,16). Consequentemente a autoridade do ministro pressupõe um contexto de missão, senão perde seu sentido; não deve ser entendida estática ou juridicamente, e sim como a autoridade de Jesus, que veio para servir e não para ser servido (Mt 20,28), distinta do poder exercido na sociedade civil: "não deve ser assim entre vós" (Mt 20,26). Portanto, não apenas uma autoridade a ser exercida com um espírito de serviço, pois em si mesma ela é serviço.

*

Responsável último pela diversidade dos dons e carismas na comunidade eclesial é o Espírito Santo. Seus carismas são dados em função da missão (Ef 4,12) e por conseguinte conferem *autoridade* para exercê-los aos que os recebem. Entretanto, já as Cartas Pastorais limitam esta autoridade aos que dirigem a comunidade (supervisores), e posteriormente a Igreja acolhe a noção civil de autoridade como sinônimo de poder, afastando-se da concepção de Jesus quando enviava seus discípulos em missão com autoridade de expulsar demônios e de curar enfermos como sinais do Reino de Deus já acontecendo (Mt 10,1).

*

Porém, em princípio os carismas concedidos pelo Espírito em função da missão devem ser exercidos, e não podem ser guardados ou limitados somente ao indivíduo que o recebe. Por conseguinte, em princípio todos os cristãos dispõem desta *autoridade fundamental* para realizá-los. Daí poder se afirmar que todo cristão, enquanto sintoniza com Cristo em sua missão, atua também "na pessoa de Cristo" num sentido amplo. Naturalmente esta pressuposta sintonia com Cristo implica uma fé realmente vivida, que a faz acertar com o que convém à fé cristã, como já observara Santo Tomás de Aquino.

*

Naturalmente o carisma do ministério ordenado é o da presidência, ou da coordenação dos demais carismas, e sua autoridade, que lhe advém também como serviço ao Reino, se distingue da autoridade dos demais membros como carisma de *direção* (1Cor 12,28). Não se trata simplesmente de um "poder" baseado na força ou na lei, sem respeitar a inteligência e a liberdade de quem obedece. Sua competência se fundamenta igualmente na tarefa missionária da Igreja, que lhe confere credibilidade e provoca confiança e dedicação da parte da comunidade. E certamente todos nós conhecemos papas, bispos e padres cuja autoridade provinha sobretudo de seu testemunho de vida.

*

Esta eclesiologia de comunhão, tal como se expressou nos textos do Concílio Vaticano II, teve impacto na vida e na missão da Companhia de Jesus. Este fato se manifesta claramente no decreto 13 da 34ª Congregação Geral (1995), intitulado "Colaboração com os Leigos na Missão". Neste decreto a Companhia reconhece que a Igreja do futuro será uma "Igreja do laicato", com participação ativa de leigos e de leigas em sua missão. Também expressa que a colaboração do laicato "enriqueceu o que fazemos e a forma de entender nosso papel na missão". Deste modo pôde afirmar que somos "homens para os outros" e "homens *com* os outros".

*

Não é papel da Congregação Geral fundamentar teologicamente suas proposições e seus decretos. Sua finalidade primeira é oferecer diretrizes aos membros da Ordem diante dos novos desafios provindos da sociedade, e que tenham forte incidência nas várias modalidades de sua missão evangelizadora. Nas linhas seguintes tentaremos oferecer de modo breve, e certamente incompleto, alguns elementos da eclesiologia anteriormente exposta que poderiam servir como fundamentação para as opções desta Congregação Geral.

*

Mas antes não podemos deixar de mencionar alguns fatos importantes pertinentes ao nosso tema. Tenhamos presente que os Exercícios Espirituais foram escritos por um leigo que conseguiu a façanha de tematizar sua experiência pessoal de conversão em vista de transmiti-la a outros. E que já como Prepósito Geral da nova Ordem reconhecia em sua correspondência o importante papel dos leigos nas atividades da Companhia de Jesus, já que atingiam setores inacessíveis a religiosos ou porque gozavam de influência ou de autoridade em vista de um bem mais universal (Const. 622).

*

Condição fundamental é que assumam a missão do Reino de Deus como os Exercícios Espirituais a apresentam, participando assim da mesma mística dos jesuítas, mesmo sem estar canonicamente incorporados a esta instituição.

*

Primeiramente surge a pergunta se um leigo ou uma leiga gozam ou não de uma "autoridade" (exusia) para irradiá-lo aos demais, sem necessidade de licença ou mandato por parte da Companhia, desde que assumam e vivam o carisma inaciano. Naturalmente compete à mesma Companhia examinar e aprovar tais iniciativas para evitar que *freelancers* exaltados, ignorantes ou carentes da experiência mística dos Exercícios Espirituais deturpem o carisma e mais prejudiquem do que ajudem a missão da Companhia. Como nos ensina São Paulo: "Não apagueis o Espírito", "mas examinai tudo e guardai o que for bom" (1Ts 5,19).

*

A pergunta se agrava quando a Companhia assume tais leigos em suas atividades, reconhecendo suas competências, permitindo suas iniciativas e seguindo seus passos. Pois o Espírito Santo que forjou em Inácio o carisma da Companhia é o mesmo que anima leigos e leigas a viverem este mesmo carisma não só por conta própria, mas enquanto colaboradores externos da missão comum, sendo que a *missão* que dá sentido à Igreja é também a *mesma* que justifica a existência da Companhia de Jesus.

*

Entretanto, a missão pelo Reino não oferece ainda uma resposta suficiente, pois deve ser levada a cabo na fidelidade ao carisma inaciano. Com outras palavras, o "nosso modo de proceder" deve *qualificar* igualmente a missão. Poderíamos elencar algumas características como a centralidade da pessoa de Jesus Cristo, a intenção reta ao buscar somente a Deus nos empreendimentos assumidos, o rigor e a qualidade no trabalho, o amor à Igreja, o exercício do discernimento na percepção da vontade de Deus e o dinamismo do *magis* divino.

*

Consequentemente é necessário que nossos colaboradores conheçam bem não só nosso carisma, mas também nossa missão com a qual se comprometem e à qual se associam, já que também serão responsáveis por ela. Para esta finalidade se exige uma indispensável *formação* sobre nossa história, nossa espiritualidade, nosso modo de proceder, e nossa missão concreta.

*

Naturalmente deverão aceitar o modo de governo da Ordem, que tem no superior a autoridade responsável pela realização da missão concreta. Mas como não são religiosos com voto de obediência, não estão submetidos ao superior como os demais jesuítas com quem trabalham. Mas deverão seguir suas orientações e diretrizes, como qualquer profissional a serviço de uma instituição. Entretanto, no nosso caso há um fator importante a ser considerado, a saber, o *modo de proceder* do superior jesuíta. Pois este não deve se comportar como um simples dirigente de empresa cioso apenas da produtividade e do lucro.

*

Jesuítas que trabalham numa obra comandada por leigos deverão seguir suas orientações, mesmo que a obra seja da Companhia de Jesus. Pois neste caso, animados ou não pelo carisma inaciano, tais dirigentes leigos estarão sempre sob uma autoridade jesuítica superior, que poderá intervir em casos de conflito. Ou mesmo para impedir que o fator econômico, dominante na atual sociedade, seja a preocupação principal dos responsáveis pela obra, sejam leigos ou leigas, sejam jesuítas.

*

Vivemos numa sociedade pluralista e altamente complexa, onde mal conseguimos dominar nosso setor de conhecimento e nosso âmbito de atividade. Esta conclusão vale para a hierarquia eclesiástica e também para os superiores da Companhia. Por viver nestes diversos contextos socioculturais, o laicato muito poderá contribuir para o governo da Igreja e da Companhia. Certamente poderão oferecer linguagens novas, práticas adequadas, metas mais urgentes, opções pastorais oportunas, investimentos corretos de pessoas e de recursos, tanto à Igreja quanto à Companhia.

*

Como de modo geral o clero deverá ser reeducado para poder aceitar tal colaboração laical, assim também os jesuítas para aceitarem trabalhar "com os leigos" já que se trata de uma realidade que cada vez mais se impõe. A razão última não é principalmente a atual diminuição das vocações jesuíticas, mas o imperativo sinodal que marca a consciência eclesial dos nossos dias: todos são Igreja, todos são seus membros ativos.

*

Portanto, os leigos e as leigas não devem considerar as responsabilidades e trabalhos assumidos apenas um emprego remunerado e ver na Companhia apenas um patrão correto e, portanto, a ser utilizado para obter vantagens e recursos. Naturalmente pressupomos sempre um laicato qualificado, identificado com nosso carisma, que poderá enriquecer nossas atividades de modo mais realista e atualizado. Pois o Espírito fala também por meio dele.

*

Exercícios Espirituais dirigidos por leigos e leigas, assim como a orientação espiritual dos participantes, já constitui um exemplo importante de colaboração do laicato. Já temos a oferta de cursos de capacitação para futuros diretores de Exercícios Espirituais em diversos países, que levaram à formação de grupos de oração e vivência, prolongando na vida a experiência do retiro. As Comunidades de Vida Cristã (CVX) comprovam nossa afirmação.

*

Mas na linha do Concílio Vaticano II e do pontificado do Papa Francisco se deveria promover a criação de grupos laicais com base na espiritualidade inaciana, não só para partilharem a vivência da fé comum a todos os membros, se ajudarem mutuamente, rezarem juntos, mas sobretudo para assumirem alguma *missão concreta* pelo Reino de Deus. Devem ser, portanto, grupos missionários e não grupos voltados para si mesmos, mesmo que tenham de passar por uma fase inicial de formação e de experiências. A modalidade da missão seria escolhida pelo próprio grupo e deveria constituir um fator agregador dos membros. Não precisaria permanecer limitada ao âmbito do "religioso", mas assumir qualquer objetivo que promova uma sociedade mais justa e mais humana.

*

Embora a Companhia de Jesus não tenha o que se caracteriza como uma "ordem terceira", certamente nos falta uma instituição, por simples que seja, para unir os que vivem da espiritualidade inaciana em diferentes graus, modalidades e missões. Para isto se faz necessário ter o elenco dos membros e promover a comunicação entre eles, bem como oferecer subsídios de cunho espiritual e apostólico. Felizmente já temos iniciativas neste sentido.

*

Importante é que nossos colaboradores, sejam aqueles dedicados *full time* a uma missão, sejam aqueles que ajudam esporadicamente dentro de suas possibilidades, estejam animados pela *mística do Reino de Deus*: um amor pessoal a Jesus Cristo, uma intenção reta, uma dedicação sincera pelos demais. Creio que a Ordem deveria promover mais a *mística* dos Exercícios Espirituais entre nossos colaboradores, para que realmente sejam e se sintam *inacianos*, por ela iluminados e fortalecidos em suas atividades pelo Reino.

*

Agradeço muito a Deus por ter colocado cristãs e cristãos em meu caminho, dos quais muito aprendi e muito recebi para minha vida de jesuíta. Tendo assimilado com muita seriedade e profundidade características-chave da espiritualidade inaciana, demonstravam não só em sua vida familiar e profissional, mas ainda ao colaborar em nossas obras ou a orientar Exercícios Espirituais, serem autênticos membros da grande família iniciada por Santo Inácio.

*

Nossa formação prolongada pode nos iludir de que somos superiores ao laicato, que consequentemente nada teria a nos ensinar. Talvez nos falte humildade para aceitar que através dele não só podemos ampliar nossos conhecimentos, mas também crescer em maturidade humana e cristã. Sabemos que a vida religiosa não devidamente vivida pode infantilizar e impedir uma maturidade adulta.

*

Confesso que sempre me impressionou a seriedade e o interesse de leigos e de leigas por minhas exposições teológicas, mesmo que devessem sacrificar perspectivas tradicionais ao acolherem novas compreensões da fé, provindas de uma teologia mais atualizada e mais próxima aos textos evangélicos.

IV
O ESPÍRITO SANTO NA VIDA DA COMPANHIA DE JESUS

Costumamos ouvir que a espiritualidade inaciana é fortemente cristocêntrica, o que certamente é verdade. Basta mencionar a presença central da pessoa de Jesus Cristo na experiência de Inácio, nos Exercícios Espirituais, no nome da nova Ordem, ou na mística própria dos jesuítas. Entretanto, embora tenhamos maior dificuldade em expô-la conceitualmente, a presença atuante do Espírito Santo desempenhou um papel decisivo seja na conversão e na trajetória de Inácio, seja na composição dos Exercícios Espirituais, seja ainda na redação das Constituições da Companhia de Jesus.

*

A começar pela bala de canhão que atingiu a perna de Inácio, obrigando-o a uma convalescência demorada que lhe possibilitou novas experiências e novas luzes. Pois um evento pode ser menos importante do que a leitura que dele fazemos. O contato com a *Vida de Cristo* de Ludolfo da Saxônia e com a *Legenda Aurea* de Tiago de Varazze, que narrava vidas de santos, forneceu-lhe o horizonte de compreensão para entender o que se passava com ele.

*

Pois todo conhecimento é sempre conhecimento interpretado, é a realidade vista a partir de um ponto de vista, onde necessariamente entram um aspecto objetivo e outro subjetivo. As sucessivas experiências de consolação e de desolação serão vistas à luz das leituras feitas, pois a ação do Espírito Santo, desde que percebida pelo ser humano, só será adequadamente compreendida no interior de um horizonte de fé.

*

O Espírito Santo também o acompanhou durante os difíceis dias vividos na gruta de Manresa, ao procurar compreender o que se passava no seu interior com a diversidade dos espíritos que o assaltavam, ou por encontrar a adequada intensidade das penitências. Ele próprio exprimirá mais tarde que nesse tempo era como uma criança ensinada por seu mestre. O Espírito Santo sempre se manifesta nas entrelinhas dos acontecimentos, dos sentimentos, dos imprevistos, levando-nos a assumir em nossas vidas a existência de Cristo e assim invocarmos a Deus como nosso Pai (Rm 8,15; Gl 4,6).

*

É sintomático que Santo Inácio inicie as *Constituições da Companhia de Jesus* afirmando que para ela atingir seu objetivo há de ajudar "mais do que qualquer constituição exterior a interior lei da caridade e amor que o Espírito Santo escreve e imprime nos corações" (Const. 134). E as redige porque a Divina Providência pede a colaboração humana, bem como o Papa e os precedentes santos fundadores.

*

Consequentemente nunca quis uma versão definitiva das Constituições da Companhia de Jesus, não somente porque valorizava muito as experiências provindas das várias partes da Companha durante sua redação, mas também para deixar espaço à ação do Espírito Santo. De fato, muitas regras terminam com o mesmo estribilho: "conforme parecer do superior". O contrário seriam regras pétreas, fixas, difíceis de serem observadas em razão dos diferentes contextos onde se encontram os jesuítas, ou ainda das inevitáveis transformações históricas.

*

Já foi observado que Santo Inácio expõe com detalhes a ação do Espírito Santo, embora sem nomeá-lo. Em parte por influência da teologia escolástica que aprendera, em parte para evitar ser considerado um "alumbrado" numa época marcada pelo irromper de fanáticos e pelo rigor da inquisição. Mas todo o procedimento levado a cabo em seu *diário espiritual* em vista da pobreza nas igrejas da Companhia concede maior importância aos dons do Espírito do que às ponderações racionais. O valor que atribuía à consolação como confirmação da parte de Deus o atesta.

*

Desde as primeiras anotações, nos *Exercícios Espirituais* aparecem as assim chamadas "moções", como experiências atuantes e decisivas de todo o processo de busca da vontade de Deus ou em vista da eleição. Enquanto resultam da ação do Espírito Santo devem ser atentamente observadas, acolhidas, comunicadas ao orientador do retiro (EE 6 e 17), e devidamente interpretadas para distingui-las das provenientes do mau espírito.

*

As regras para o discernimento dos espíritos têm por objetivo orientar o exercitante em meio à confusa diversidade dos movimentos interiores e levá-lo assim a conhecer como nele atua o Espírito Santo. Elas nasceram da experiência do próprio Inácio e pressupõem sempre uma experiência em curso. Embora normalmente reconhecesse as razões de cunho racional, no processo do discernimento Inácio valorizava mais as moções que agitavam o exercitante, pois caso não acontecessem, suas causas deveriam ser examinadas (EE 6).

*

A chamada "indiferença inaciana" visa capacitar o exercitante a captar e seguir os impulsos do Espírito Santo em vista do fim para o qual foi criado (EE 23). A mesma coisa pode ser afirmada acerca da necessidade de "tirar de si as afeições desordenadas", para poder "buscar e encontrar a vontade divina" (EE 1), ou seja para poder captar e seguir os impulsos do Espírito Santo. A *liberdade interior* é condição essencial no discernimento da ação do Espírito Santo.

*

Em sua ação o Espírito Santo atinge o íntimo da pessoa, o coração na linguagem bíblica. Nele se encontram unidas as faculdades humanas da inteligência, liberdade, afetividade, imaginação, memória, de tal modo que sua ação tocará todas estas faculdades. Ainda que não possa ser claramente captada pela inteligência e expressa num conceito, o ser humano tem alguma *consciência* dela que permite identificá-la como provinda de Deus. Santo Inácio exprime esta verdade numa sentença já tornada célebre: "Não é o muito saber que sacia e satisfaz a pessoa, mas o sentir e saborear as coisas internamente" (EE 2).

*

Embora ainda vivendo numa época em que tradições e instituições dominavam a vida das pessoas, Santo Inácio já surge como alguém que antecede os novos tempos, nos quais o indivíduo será personagem ativo na criação de culturas e de instituições sociais. A mediação da instituição eclesial não é negada, mas vem equilibrada pelo contato direto da pessoa com Deus e de Deus com a pessoa. O orientador do retiro deve deixar "o Criador agir imediatamente com a criatura e a criatura com seu Criador e Senhor" (EE 15).

*

Sabemos pelos textos do Novo Testamento, sobretudo pelas Epístolas de Paulo, que Deus age em nós por meio do Espírito Santo, que habita em nós (Rm 8,11), que atesta sermos filhos de Deus (Rm 8,16), que nos dá vida (Rm 8,6), que nos faz rezar corretamente (Rm 8,26) e que fundamenta nossa esperança na ressurreição futura (Rm 8,11). Toda a ação do Espírito é de mediatizar nosso acesso a Deus. Pois só o Espírito de Deus conhece a Deus, sendo que nós recebemos "o Espírito que vem de Deus a fim de conhecermos os dons da graça de Deus" (1Cor 2,12).

*

A partir de sua experiência pessoal, Santo Inácio intuiu e expressou de modo simples, mas profundamente verdadeiro, o que o teólogo Paulo expressara, também a partir de suas experiências pessoais e do que via acontecer nas primeiras comunidades cristãs. É sempre o Espírito de Deus quem nos revela Deus e seus desígnios, é sempre o Espírito de Deus que nos possibilita captar e responder à iniciativa divina.

*

Na fidelidade ao Espírito Santo, Jesus Cristo dedicou toda a sua existência a proclamar e realizar o Reino de Deus em obediência ao Pai. Sua missão provocou resistências e trouxe-lhe conflitos e injúrias, como sabemos. O mesmo Espírito que atuou em Cristo atua no cristão. A fidelidade à missão de construir o Reino de Deus também lhe trará dissabores. Daí a importância da oferta no final da *contemplação do Reino de Deus*, aceitando de antemão, a ação do Espírito Santo, caso Deus queira escolher o exercitante para uma maior identificação com Cristo (EE 98).

*

Também a petição sempre presente ao longo das contemplações da vida de Cristo, a saber, "conhecimento interno do Senhor para mais amá-lo e segui-lo" (EE 104), pressupõe, embora não mencionada, a ação do Espírito Santo. O apóstolo Paulo é incisivo nesta questão: "ninguém conhece o que é de Deus, a não ser o Espírito de Deus. Nós não recebemos o espírito do mundo, mas recebemos o Espírito que vem de Deus, para conhecermos os dons que Deus nos concedeu" (1Cor 2,11s). De fato, sem a ação do Espírito Santo nem conseguiríamos confessar Cristo como Senhor (1Cor 12,3).

*

Se a atitude pessoal gerada na contemplação do Reino de Deus é condição fundamental para a assimilação dos ensinamentos da vida de Jesus oferecidos nas etapas seguintes dos Exercícios Espirituais, a *meditação das Duas bandeiras* busca trazer lucidez na oferta do seguimento de Cristo (EE 139); ela reflete a experiência de Santo Inácio em Manresa e desvela para o exercitante a orientação provinda do mesmo Espírito que acompanhou, orientou e fortaleceu Jesus ao longo de seus dias. Realmente, sem uma profunda humildade não se vive a caridade evangélica (EE 146).

*

Embora presente e atuante, o Espírito Santo não vem mencionado no tríplice colóquio que encerra esta meditação, mas já sabemos por quê. Nesta época o discurso teológico dava primazia à consideração da graça de Deus e pouco se acenava à Graça Incriada que era o próprio Deus (Espírito Santo) presente no fiel.

*

Naturalmente a identificação mais perfeita com Cristo, expressa na consideração do terceiro modo de humildade, implica sem mais uma obediência mais perfeita também ao Espírito que animou Jesus Cristo em sua entrega por nós (EE 167).

*

Tanto podemos falar de três "tempos" da eleição como de três modalidades da ação do Espírito Santo em nós, pois é disso que ultimamente se trata (EE 175-178). Pois mesmo a moção "racional" não se opõe à moção divina (Espírito Santo), mas à moção "sensual" (EE 184).

*

Também na conhecida *contemplação para alcançar o amor* está presente e atuante o Espírito Santo. Pois uma experiência primeira pode receber diversas leituras, dependendo do horizonte interpretativo de quem a experimenta. Como experiência humana, será sempre uma experiência interpretada. A experiência subjacente a esta contemplação foi lida por Inácio numa chave teológica limitada a Deus, criador, divina Majestade, fonte de todos os bens (EE 234-237). Na tradição ocidental, na qual se encontrava Inácio, se atribuía ao Espírito Santo a função de inspirar e santificar os seres humanos, portanto uma ação limitada ao âmbito da vida espiritual.

*

Entretanto, a Bíblia nos oferece um campo de ação bem mais vasto. Pois o Espírito aparece no relato da criação do mundo como aquele que *dá vida* aos seres humanos (Gn 2,7). Deste modo, o Espírito que nos é dado, que habita em nós (Rm 8,9; 1Cor 3,16), é o criador da vida e garantia da vida definitiva em Deus (Rm 8,11). Assim aconteceu com Jesus: o Pai o ressuscitou "no Espírito" (Rm 1,4).

*

A Bíblia nos oferece esta ação vivificadora em múltiplas concretizações, a começar pelo sopro vital (Sl 104,29), a capacidade de compreender, os dotes artísticos, a inspiração profética, o carisma do governo (Ex 35,31-33). Se entendermos a criação como uma ação divina que continua no tempo, caso contrário voltaria ao nada, então devemos concluir que o Pai envia constantemente seu Espírito às criaturas, dando-lhes vida e energia.

*

Esta vida que nos é dada só se manifestará na vida plena em Deus, comunicada a Jesus Cristo (Jo 5,26) por sua ressurreição (At 2,24) "no Espírito" (Rm 1,4). Jesus, que em sua morte havia restituído o Espírito ao Pai e agora o recebe em plenitude, pode derramá-lo abundantemente sobre o mundo (At 2,33), o que realmente aconteceu (Jo 20,22).

*

Recordar os benefícios recebidos na criação (EE 234), olhar como Deus habita nas criaturas dando-lhes vida em suas diversas modalidades (EE 235), considerar como as conserva sempre (EE 236) e olhar a fonte de onde procedem (EE 237), tudo isto aponta para a presença e atuação do Espírito Santo, tudo isto remete ao amor primeiro de Deus por nós, confirmado pela afirmação de Paulo: "o amor de Deus foi derramado em nossos corações pelo Espírito Santo que nos foi dado" (Rm 5,5).

*

Se o amor consiste mais em obras que em palavras (EE 230) e se constitui pela comunicação de ambas as partes (EE 231), então esta contemplação dos benefícios recebidos de Deus por meio de seu Espírito ilumina as últimas palavras da oferta do exercitante: "dai-me o vosso amor e a vossa graça, pois ela me basta" (EE 234).

*

Consequentemente, a atitude fundamental da criatura diante de Deus é de *gratidão*. Tudo o que somos e temos, dele recebemos. Toda a nossa vida deveria consistir em reconhecer e corresponder a este amor primeiro, de tal modo que esta contemplação retoma o objetivo do *princípio e fundamento*, a finalidade de toda criação, o sentido último da nossa existência, depois de iluminá-la pela vida daquele que a revelou para nós.

*

Pois esta vida foi uma vida de total fidelidade à ação do Espírito Santo, como aparece dos Evangelhos (Mc 1,9-12; Lc 4,18; Lc 6,12), de tal modo que toda sua vida de entrega aos demais se deveu ao Espírito Santo (Hb 9,14). É ele que nos possibilita correspondermos ao amor primeiro de Deus, desde que sejamos fiéis à sua ação salvífica em nós, como sintetiza o apóstolo Paulo: "Se vivemos pelo Espírito, andemos também sob o impulso do Espírito" (Gl 5,25). Todo agir cristão depende menos de normas e leis e muito mais da fidelidade ao Espírito que nos leva ao amor aos demais (Gl 5,22).

*

A atuação do Espírito Santo nos seres humanos não permite que o mesmo Espírito seja conhecido em si mesmo, pois Deus é mistério para nós. Apenas podemos perceber as consequências de sua ação em nós. Paulo as caracteriza como "frutos do Espírito" (Gl 5,19-23), pois o Espírito se manifesta com poder infundindo paz em meio às tribulações (1Ts 1,5s). À ação do Espírito, Paulo contrapõe os desejos da carne, opostos ao Espírito (Gl 5,16s) e cujas sequelas são enumeradas pelo apóstolo (Gl 5,19-21).

*

As manifestações ruidosas em algumas comunidades, como o falar em línguas em Corinto (1Cor 14,1-25), levará Paulo à necessidade do *discernimento*: "Não apagueis o Espírito, não desprezeis as profecias, mas examinai tudo e guardai o que for bom" (1Ts 5,19-21). O critério principal para o carisma autêntico diz respeito à edificação da comunidade. Já João, às voltas com a heresia da gnose, estabelece como critério a confissão de "Jesus Cristo vindo na carne" (1Jo 4,1-3). Portanto, a vontade de Deus manifestada pela ação do Espírito Santo deve ser discernida por uma mente renovada (Rm 12,2), e constitui mesmo um carisma do Espírito Santo (1Cor 12,10).

*

São Paulo refletiu sobre a verdadeira ação do Espírito Santo principalmente a partir do que via nas primeiras comunidades cristãs. Já Inácio de Loyola aprendeu a ciência do discernimento por sua experiência pessoal de convalescente em Loyola e de penitente em Manresa, confirmada posteriormente pelos Exercícios Espirituais que dava. Sua incrível capacidade de introspecção irá lhe possibilitar redigir as conhecidas *regras de discernimento dos espíritos* (EE 313-370). O Espírito Santo sempre age para o bem, dando paz para a pessoa em crescimento espiritual, e inquietação se estiver indo de mal a pior (EE 314s).

*

Os frutos do Espírito descritos por Paulo são também descritos por Inácio quando fala da consolação espiritual e refletem sua experiência pessoal (EE 316; 329). Consolação, devoção, intenso amor, não dependem de nós, pois são "dom e graça de Deus nosso Senhor" (EE 322). Digna de nota é sua observação de que só Deus é capaz de consolar alguém sem causa precedente, fato que aponta para a liberdade absoluta do Espírito Santo em sua atividade (EE 330), tal como já observara o evangelista João (Jo 3,8).

*

Santo Inácio fala do bom e do mau espírito. Em seu tempo, como já mencionamos, se falava mais da graça de Deus e menos do Espírito Santo, a qual sem dúvida manifesta a ação do Espírito de Deus. O mau espírito atribuído a satanás se serve das paixões desordenadas, dos condicionamentos à nossa liberdade, do que resiste à liberdade que quer agir bem, levando-a a fechar-se em seu egoísmo e busca de prazer. Numa outra linguagem Santo Inácio repete Paulo e João.

Nas *regras para sentir com a Igreja* o argumento central está no fato que "o mesmo Espírito e Senhor nosso, que deu os dez mandamentos, rege e governa a nossa santa mãe, a Igreja" (EE 365). Como comunidade dos que creem, a Igreja deve sua existência ao Espírito Santo, sem o qual não haveria fé (1Cor 12,3). Todo o empenho do Espírito é construir, fortalecer e atualizar a Igreja em sua missão.

*

Como vimos até aqui, a atuação do Espírito Santo foi decisiva na conversão de Inácio, acompanhou-o na confecção das Constituições da nova ordem e determinou suas atividades apostólicas. Neste momento poderíamos nos perguntar o que significa concretamente tudo isso para o jesuíta. Numa primeira aproximação, poderíamos afirmar que o jesuíta deve ser alguém mais sensível ao *espírito* que à letra, sem desprezar esta última. Pois o que constitui de fato uma vida espiritual é uma vida em sintonia com a ação do Espírito em nós.

*

Esta meta tem como pressuposto necessário uma vida de fé "aquecida", sensível aos apelos do Espírito, caracterizada pelo santo fundador como "uma vida de familiaridade com Deus" (Const. 723; 813). Entretanto, ela não é alcançada a não ser por meio da prática regular da oração pessoal (NC 224), que deverá ser "uma atividade verdadeiramente vital" (NC 225), juntamente com o exame de consciência diário que, "segundo Santo Inácio, muito contribui para o discernimento sobre toda a nossa vida apostólica, para a pureza de coração e a familiaridade com Deus na vida ativa" (NC 229).

*

O protagonismo do Espírito Santo também aparece na concepção da obediência inaciana, em geral bastante mal compreendida no passado eclesial. É fundamental sintonizar-se com a orientação do Espírito que expressa a vontade de Deus. Daí o papel valioso da "conta de consciência", enquanto permite ao superior conhecer a situação concreta de seu súdito em vista de acertar na missão que lhe confia.

*

Embora com normas bem precisas para os que estão em formação (Const. 243-291), nada se prescreve aos já formados, para quem a regra consiste em seguir o que a discreta caridade ditar a cada um (Const. 582), como vem declarado nas Normas Complementares no tocante à oração (NC 225).

*

Também para conservação e desenvolvimento da Companhia de Jesus, o principal fator vem a ser o Espírito Santo, pois "os meios que unem o instrumento com Deus, e o dispõem a deixar-se conduzir fielmente pela mão divina, vencem em eficácia os que o dispõem com relação aos homens" (Const. 813). Daí a maior importância que deve ser dada "às virtudes sólidas e às coisas espirituais", mais que "à ciência e a outros dons naturais e humanos" (Const. 813).

*

Sabemos que o Espírito Santo foi um fator decisivo nas primeiras comunidades cristãs, não só por possibilitar a fé de seus membros, mas também por distribuir carismas dos quais discorria certa ordem na comunidade, plasmando assim sua estrutura institucional.

*

Também no início da Companhia de Jesus a fidelidade de Inácio à ação do Espírito Santo vai se mostrar patente não só na questão da pobreza, como atesta seu diário espiritual, mas também ao longo da redação das Constituições da Ordem. Inácio dava enorme valor à experiência dos primeiros jesuítas, pois sabia que por ela o Espírito se manifestava. Também o fruto obtido nas atividades apostólicas, os apelos da própria sociedade (como no caso dos colégios), o apoio de autoridades civis ou eclesiásticas, eram sinais emitidos pelo Espírito e que o fundador levava a sério.

*

O que hoje conhecemos como "sinais dos tempos" já era uma realidade familiar ao santo. Ela possibilita à Companhia de Jesus, mantendo-se fiel à sua identidade fundamental, assumir novas compreensões do carisma inicial, novas modalidades de organização, novos objetivos de ação apostólica. Trata-se de um processo de discernimento que a acompanha ao longo de sua história sempre que se vê confrontada com situações ou desafios inéditos, e que implica a maleabilidade própria de uma instituição sensível aos apelos do Espírito.

*

Isso vale também para o jesuíta enquanto indivíduo. Sua vida deve se orientar pelas regras da Ordem, mas também deve ser capaz de escutar o que lhe diz o Espírito Santo, e depois de sério discernimento comunicado a seus superiores, ter a coragem de percorrer novos caminhos, confirmados ou não pelo próprio Espírito. O cumprimento literal de regras e tradições pode indicar não só um zelo mal entendido, como também uma personalidade insegura.

*

Se o fim principal da Companhia de Jesus é a missão (ajuda às almas), a ela estando subordinada a perfeição pessoal, então a obediência religiosa também deve estar subordinada à finalidade primeira da ordem. E como o Espírito fala não só ao superior, mas também ao súdito, este deve estar pronto a obedecer sem mais, como também pode representar ao superior seu parecer. Inácio esperava do jesuíta um *discernimento ativo,* o que explica a liberdade dada a seus súditos, que podiam chegar a omitir materialmente o que lhe fora ordenado. Este espaço livre dado ao súdito se explica pela finalidade apostólica da Ordem. Portanto, ao experimentar uma situação conflituosa ou mesmo dolorosa, o jesuíta deve ter presente não só sua semelhança pessoal com Cristo humilhado, mas também se a missão como valor superior sofrerá com sua submissão pura e simples, mesmo estando em seu ânimo pronto a obedecer. Aqui reside o sentido da conhecida "representação" ao superior.

*

Esta característica da espiritualidade de Inácio explica sua reação diante das dificuldades que teve com certas autoridades eclesiásticas. Inácio se mostrou firme em defender o que experimentara como provindo da ação do Espírito Santo, o que não eliminava seu profundo respeito pela Igreja, tal como deixou claro nas conhecidas "regras para sentir com a Igreja", quando afirma ser "o mesmo Espírito que nos governa e dirige para a salvação nossa" que (...) "rege e governa a nossa santa Mãe, a Igreja" (EE 365).

*

A primazia dada ao Espírito Santo não só fundamenta a importância do discernimento contínuo na vida dos jesuítas, mas também a abertura de novas frentes de evangelização motivadas pelos desafios à missão da Companhia. Pois dela se espera que esteja às voltas com novos desafios, seja no campo do conhecimento, seja no setor da pastoral, abrindo novas veredas. Esta afirmação vale para o próprio Inácio, como também para missionários como Mateus Ricci e José de Anchieta, ou ainda para teólogos como Henri de Lubac ou Karl Rahner, que não tiveram vida fácil com as autoridades eclesiásticas, embora posteriormente saudados como profetas que anteciparam tempos futuros. Fidelidade ao Espírito cujos impulsos se manifestam também nas vicissitudes próprias dos diversos contextos históricos, mas que exigem profetas para interpretá-los.

*

Embora uma realidade facilmente comprovada na vida de Inácio e nos primeiros anos da Ordem, a fidelidade ao Espírito Santo e o necessário discernimento espiritual foram substituídos anos depois por uma visão mais ascética e voluntarista de observância a regras e de obediência servil. As vozes contrárias não encontravam eco junto às autoridades da Ordem. Somente pela metade do século passado, graças a sérios estudos históricos, vai ser recuperada esta característica tão essencial à Companhia exposta pelo Padre Joseph de Guibert em sua obra intitulada: *A Espiritualidade da Companhia de Jesus. Esboço histórico*, publicada em 1953. Deste modo, recupera-se a dimensão mística da vida e da espiritualidade de Inácio e aparece então o discernimento como característica essencial da vida do jesuíta. E consequentemente também se valoriza a importância das "moções" do Espírito Santo nos retiros inacianos e as disposições necessárias para bem aproveitá-las, assim como o papel do orientador.

*

A percepção contínua da atuação do Espírito Santo e a consequente atitude de discernimento, pressupostas na vida do jesuíta, exigem dele uma assimilação pessoal do espírito dos Exercícios Espirituais, que só será possível pela contínua oração diária ou pela "familiaridade com Deus", pela profunda identificação com Jesus Cristo em sua missão pelo Reino de Deus (não um Jesus intimista), pela valorização do silêncio e da reflexão no dia a dia.

*

Entretanto, vivemos num tempo de diminuição das vocações, de obras numerosas a serem administradas, de novas áreas de evangelização provocadas pela cultura secularizada, pelo sistema econômico vigente, pelos modernos meios de comunicação, pela aceleração do tempo, pelo bombardeio constante de novas informações, pela pressão por produtividade, para citar alguns traços da atual situação. São fatores que exigem de todos nós um esforço suplementar em vista de uma oração diária e pessoal. Só então seremos sujeitos idôneos para o discernimento pessoal e para o mais exigente discernimento comunitário.

I

V
A CRUZ NA VIDA DO JESUÍTA

Ser companheiro de Jesus significa assumir a vida de Jesus que, como sabemos, foi uma existência conflituosa que culminou com sua paixão dolorosa e morte de cruz. Deste modo a questão que emerge para o jesuíta é exatamente como esta faceta da vida do Mestre irá se concretizar em sua própria vida. Pois a temática da cruz de Cristo dará lugar na tradição da Igreja a diferentes espiritualidades, legítimas e ricas, entre as quais a espiritualidade inaciana.

*

A paixão e morte de cruz foram muito ressaltadas na tradição ocidental do cristianismo, como aparece ainda hoje nas devoções populares, em textos litúrgicos, na teologia da salvação até alguns anos atrás (sem derramamento de sangue não há redenção), ocasionando questões inoportunas como a de um Deus que envia seu Filho para morrer, questões estas que contrariam a imagem do Deus revelada por Jesus Cristo. Consequentemente, o percurso histórico da vida do Mestre de Nazaré é posto em segundo plano, desvalorizado mesmo, perdendo assim sua importância teológica, reduzido apenas a um modelo de vida a ser imitado pelo cristão.

*

Hoje sabemos que toda a vida de Cristo faz parte da revelação de Deus. Deus se manifesta ao longo desta vida, como já acontecera no Antigo Testamento com o povo eleito. Pelo fato de que Jesus Cristo sempre acolheu e seguiu a vontade do Pai, sua vida constitui a expressão na história não só do desígnio salvífico de Deus, mas também da pessoa do próprio Deus voltado para nossa salvação, ou para nossa felicidade como se diz hoje. Em outras palavras, a revelação se dá na história concreta de Jesus, e desconsiderá-la implica retratar Deus a partir da filosofia (deísmo) ou imaginá-lo a partir da nossa realidade humana ou de nossos anseios e carências.

*

Portanto, devemos reafirmar que Jesus Cristo é nosso Salvador, em perfeita obediência à vontade do Pai, através de toda a sua história, a saber, das suas reações com palavras e ações aos desafios concretos que experimentou em sua vida pública. A riqueza dos estudos históricos sobre a sociedade e a vida cotidiana na época de Jesus nos permite um acesso mais verdadeiro ao seu dia a dia, apesar dos anos decorridos até a redação dos Evangelhos.

*

Tudo teve início através do anúncio da proximidade do Reino de Deus por parte de Jesus (Mc 1,15), em palavras e ações. Sua pregação revelava em Deus um Pai misericordioso, e suas ações ao curar, perdoar, acolher e incutir esperança expressavam o advento de uma nova sociedade baseada no amor mútuo e na justiça. Deste modo, o sagrado se deslocava de ritos ou de dias santificados, bem como de observâncias religiosas tradicionais, para o próprio ser humano, tal como aparece da parábola do bom samaritano (Lc 10,29-37) ou da cena do juízo final (Mt 25,31-46). O acolhimento incondicionado de pecadores e de marginalizados por parte de Jesus, juntamente com a oferta generosa do perdão, irritava muito as autoridades religiosas daquele tempo.

*

Consequentemente, elas irão provocá-lo, atacá-lo, questioná-lo e ameaçá-lo ao longo de toda a sua vida pública, por considerá-lo um perigo para a religião que pregavam (fariseus) ou para a instituição que lhes proporcionava vantagens (saduceus, classe sacerdotal). Sabemos que esta hostilidade contínua irá se agravar, levando-o à sua paixão e à sua crucificação. Numa palavra, a vida de Jesus foi uma vida conflitiva porque sua religião colocava o ser humano no centro, como criatura amada infinitamente pelo Pai, mesmo quando rejeitado (Mt 5,45).

*

É impressionante como Jesus, sem acomodações ou recuos oportunistas, mantém uma fidelidade total ao desígnio salvífico do Pai de levar avante o Reino de Deus. Realmente sua história demonstra uma *coerência de vida* que pode ser caracterizada como radical ou heroica. Se, por um lado, ele não buscou o sofrimento, por outro tinha lúcida consciência do risco que corria e até podia prever o desenlace fatal que o esperava (Mc 10,45; Jo 12,24).

*

A morte prematura de Jesus constituiu um enigma para os primeiros cristãos: como pode alguém que só fez o bem ser crucificado, castigo reservado naquele tempo aos criminosos? O texto do profeta Isaías que fala do servo sofredor que carrega sobre si os pecados da multidão permite compreender a morte de Jesus como um sacrifício pelos outros, pelos pecadores, embora a tradição judaica proibisse sacrifícios humanos. Importante aqui é reter a leitura teológica deste evento: viver para o Reino de Deus significa contrariar os interesses egoístas por riquezas e poder presentes na humanidade, e consequentemente estar sempre exposto a conflitos e ataques.

*

Para o cristão, a cruz e o sofrimento não devem ser buscados, mas sim acolhidos, quando surgirem, como consequências inevitáveis de uma vida cristã séria, consciente e coerente. Os santos e as santas da Igreja demonstraram sempre certa predileção em meditar a paixão de Cristo, haurindo desta oração luz e força para suas vidas. E a história do cristianismo nos apresenta uma enorme multidão de homens e mulheres que, fiéis à sua fé, souberam dar sua vida pelo Reino de Deus, seja como mártires, seja como confessores, através de uma vivência cotidiana da fé na qual não faltaram humilhações e sofrimentos.

*

Para Inácio, a abnegação se fundamenta na pessoa de Jesus Cristo ao procurar imitá-lo e segui-lo. E Cristo em sua missão pelo Reino de Deus, como se pode comprovar do *Exercício do Reino*, peça fundamental nos Exercícios Espirituais. Nele Jesus Cristo convida os que se comprometem com ele e com sua missão a imitá-lo em seu modo de vida (EE 93), seguindo-o na luta (EE 95) e experimentando as consequências deste seguimento (EE 98), que pressupõem uma atuação contra a própria sensualidade e contra seu amor carnal e mundano (EE 97).

*

Esta consideração do Reino é chave para as demais meditações tipicamente inacianas, como as das Duas bandeiras, dos Três tipos de pessoas e dos Três graus de humildade. Igualmente ela é pressuposta para as demais contemplações das semanas seguintes, pois sem a opção primeira de seguir o Mestre de Nazaré em sua vida concreta não se vê como as palavras e as ações de Jesus poderiam moldar realmente a vida de seus seguidores.

*

Seguir a Jesus Cristo comprometendo-se com sua *missão* constitui a razão fundamental da abnegação na mente de Santo Inácio. Ela levou-o a abandonar os exageros de Manresa e serviu sempre como critério para moderar certos extremismos na Companhia incipiente, como aparece na carta dirigida aos escolásticos de Coimbra. E é igualmente a adesão pessoal a *Cristo em missão* que justifica a necessidade da abnegação na Companhia, que pressupõe homens disciplinados, de oração frequente, livres de paixões desordenadas, obedientes de juízo e de execução, de vida sóbria, buscando em tudo somente a vontade de Deus (Const. 288), a saber, o serviço do Reino. Portanto, não se trata tanto de um aperfeiçoamento pessoal, quanto de se dispor como instrumento adequado para a missão.

*

Realmente, na medida em que um jesuíta toma consciência do que a missão exige dele, motiva-se a viver com menos exigências e facilidades para poder investir suas qualidades, seus conhecimentos, seu tempo e suas energias na realização do Reino de Deus, embora incipiente neste mundo, mas já prefigurando sua realidade final na outra vida em Deus. A ascese não é jamais um fim, mas sim um meio de melhor capacitar a pessoa em sua ação pelo Reino.

*

A experiência também nos ensina que a convivência humana nem sempre decorre na paz que desejamos. Na vida do jesuíta há momentos de sofrimento, quase que inevitáveis num grupo de pessoas com seus limites, seus problemas pessoais, suas cicatrizes de feridas passadas, seus sonhos desfeitos. Tais fatores podem gerar incompreensões, maledicências, isolamento social, injustiças a serem suportadas. Tudo isso é próprio da condição humana, mas que, contrariamente do que pensamos, produz um efeito de enorme valor para o crescimento espiritual do jesuíta.

*

Se soubermos suportar tais ocasiões tempestuosas e aflitivas, iremos constatar que sairemos delas mais desapegados da própria imagem, mais independentes do que os outros dizem, mais compreensivos com relação aos demais, mais humildes e mais fortes na vivência da fé. Trata-se de um processo de amadurecimento humano e espiritual que encontramos nas vidas dos santos e das santas da Igreja. São João da Cruz agradecia a Deus pelas cruzes que teve de suportar e que mais o identificaram com Cristo, pouco se importando com os causadores delas.

*

São as contrariedades da vida que revelam nossas fraquezas, nossos apegos, nossas buscas de autorrealização, ilusões, nossos falsos julgamentos, enfim nossos condicionamentos que, reconhecidos honestamente, permitem maior compreensão com as limitações de nossos semelhantes. A humildade é pressuposto essencial para a vivência da caridade cristã.

*

Igualmente as cruzes da vida, das quais ser humano algum escapa totalmente, nos revelam nossa verdade, nossa fragilidade, nossas ilusões. Experimentamos na carne como tudo é efêmero, como tudo é inconsistente, como tudo passa. Mais conscientes das nossas incoerências passadas, avaliamos melhor a fidelidade e a misericórdia de Deus que nunca nos abandonaram. O que sabíamos na teoria é então pessoalmente *experimentado*, qualificando nosso relacionamento com Deus, como observa Santo Inácio no colóquio da misericórdia (EE 61).

*

Como tudo o que nos acontece nesta vida sempre irá ser compreendido ou interpretado subjetivamente, assim também os sofrimentos que não podemos evitar. Para alguns, serão vistos como perdas, males, infortúnios, sem qualquer valor positivo, provocando revolta, desespero e ressentimento. Para outros, numa perspectiva cristã de leitura, serão considerados fatores importantes por levarem a uma vivência madura da liberdade cristã. Pois, ao sobreviverem à prova, tomam real consciência de que podem seguir adiante na vida, despojados do que consideravam realidades intocáveis até então. A liberdade ganha consistência e se fortalece à medida que se emancipa das cadeias que a limitavam.

*

Despojados do que Santo Inácio chamava de "afeições desordenadas" (EE 1), mas que podemos estender também aos demais condicionamentos que limitam nossa liberdade, estamos mais bem dispostos a perceber, entender e seguir os impulsos provenientes do Espírito Santo atuante na pessoa de Jesus. Não é sem motivo que Santo Inácio, muito sabiamente, insiste na semelhança com Cristo (EE 146s; 167) antes do processo da eleição.

*

De fato, o maior empecilho para um autêntico discernimento espiritual está no fato de que não somos suficientemente *livres* para captar e seguir as moções do Espírito Santo. Conscientemente ou não, erigimos barreiras, invocamos obstáculos, obstruímos a ação do Espírito, movidos pelo medo e pela insegurança, simplesmente porque não somos livres.

*

Não estaria aqui uma das sérias dificuldades de fundo para a realização do chamado "discernimento comunitário"? Pois basta que alguns não estejam suficientemente livres de seus hábitos e de seus modos de ver, para que o discernimento seja bloqueado e mesmo boicotado. Podemos observar o mesmo fenômeno na Igreja, o qual explica a resistência de autoridades religiosas à reforma do Papa Francisco. No fundo de todo tradicionalismo está o medo de se deixar conduzir pelo Espírito, de realmente confiar em Deus, de fielmente seguir sua orientação. O que falta? Liberdade!

*

Podemos sempre nos justificar com ideologias oportunas, com razões de bom senso, com arrazoados teóricos, mas no fundo tememos perder poder e prestígio, privilégios e bens materiais, relações sociais vantajosas e protetoras. Depois de passarmos pela tempestade de sofrimentos físicos ou morais, de nos libertarmos destes medos, notamos que amadurecemos, ganhamos lucidez no seguimento de Cristo, captamos e seguimos melhor os impulsos do Espírito.

*

CAPÍTULO V.
A CRUZ NA VIDA DO JESUÍTA

A abnegação na Companhia não consiste tanto em penitências corporais quanto na renúncia ao próprio querer e sentir (EE 189). Fator muito importante numa ordem apostólica composta de indivíduos bem diferentes, mas que devem trabalhar unidos pelo Reino de Deus. Grande obstáculo a esta meta vem a ser o individualismo, tão forte na atual cultura e que não deixa de penetrar também nas comunidades religiosas nesta época de sucessivas transformações de mentalidades e de hábitos.

*

Por um lado, a Companhia de Jesus favorece e promove o desenvolvimento das qualidades pessoais para determinados campos de atuação em vista de uma maior eficácia apostólica. Por outro, ela forma pessoas livres, não apegadas a lugares ou a atividades, que possam assim ser enviadas para missões mais urgentes ou necessitadas. Por um lado, trabalhar num local ou numa atividade bem determinada, por outro, manter-se aberto para a missão mais universal do corpo apostólico da Ordem. Esta tensão estará sempre presente na vida do jesuíta e o acompanhará até sua morte.

*

Os fatos da nossa história estão sempre submetidos à interpretação que lhe damos, sendo que esta interpretação varia no curso de nossa vida, pois enriquecemos nosso horizonte de compreensão ao longo dos anos devido aos novos conhecimentos e experiências pessoais. Consequentemente, estaremos mais capacitados nos anos da velhice a *discernir* nos incidentes da vida, até então vistos negativa ou positivamente, a ação contínua de Deus por meio do Espírito Santo em vista de nosso amadurecimento na fé. Então constatamos que os incidentes se tornam secundários, e aflora com grande nitidez a ação cuidadosa de Deus por nós.

*

Embora os colóquios das meditações do Reino de Deus (EE 98) e das Duas bandeiras (EE 147), e ainda o Terceiro grau de humildade (EE 167), pretendam criar em nós uma *disposição interior* para um seguimento mais autêntico de Jesus Cristo, não devemos dramatizar sua formulação e nos sentir uma elite espiritual por acolhê-los em nossa vida. Pois a existência real da grande maioria da humanidade é marcada por limitações, contrariedades, sofrimentos, injustiças, humilhações, sem que os atingidos as dramatizem ou se considerem heróis por suportá-las. A necessidade de manter o emprego, a árdua educação dos filhos, a violência urbana, os problemas de saúde, as dificuldades do transporte, talvez façam a vida deles mais difícil ou mais sofrida que a de muitos jesuítas.

*

Sem dúvida, seríamos menos exigentes ou lamurientos com as condições de vida oferecidas pela Companhia se tivéssemos um contato real ou uma proximidade atenta à vida de muitas famílias, também das classes médias. No que diz respeito à alimentação, vestimenta, lazer, viagens, aí veríamos que muitas delas vivem em condições talvez bem mais modestas do que as nossas. Naturalmente esta constatação de modo algum proíbe que utilizemos os recursos necessários para nosso trabalho pelo Reino.

*

Mas devemos estar atentos, pois vivemos hoje numa sociedade afluente para alguns e de grandes carências e desigualdades sociais para outros, embora a pressão do consumismo atinja todos os seus membros. Podemos cair na ilusão de achar necessário o que era supérfluo, antes da propaganda nos seduzir. Como dizia Karl Rahner: alguém que entra hoje num Shopping e compra somente o que pretendia, sem ceder à atração do que veem seus olhos, eis o asceta do futuro!

*

Certa vez li num autor jesuíta que o voto de obediência era o mais exigente na Companhia de Jesus. Existe mesmo uma imagem bastante difundida do mandato de obedecer na Ordem como uma realidade dura, inapelável, de execução imediata, sem levar em consideração a pessoa do súdito. Certamente Santo Inácio tinha plena consciência da importância da obediência na nova Ordem, devido à natural dispersão de seus membros e à crescente diversidade de ações apostólicas. O corpo da Companhia deveria atuar de modo unificado e coeso, sempre em vista da maior glória de Deus, ou do maior bem das almas.

*

Mas esta obediência nada tem de uma ação mecânica ou impessoal, pois o superior conhece bem as condições pessoais de quem deve obedecer por meio da chamada "conta de consciência", na qual o súdito se abre sobre sua situação existencial naquele momento com relação à saúde, estado de ânimo, problemas existenciais, ou vida comunitária. Desse modo, a urgência objetiva de um setor apostólico deve ser confrontada com a concreta situação pessoal do súdito. Além disso, Santo Inácio permite que o próprio súdito faça uma "representação" ao superior, mesmo depois da ordem recebida, expondo sua situação concreta a ser levada em conta. Pois o superior pode desconhecer dados importantes ou mesmo ter sido mal informado.

*

Entretanto, sempre me impressionou a imediata obediência de alguns jesuítas, bem ajustados e atuantes onde viviam, mas que prontamente partiram para novas missões a pedido do superior, incertos do sucesso, mas confiantes em Deus, sendo alguns deles de idade avançada.

*

A obediência pode constituir uma cruz não só para o jesuíta que obedece, mas também para o próprio superior. Pois vivemos numa época de rápidas transformações socioculturais que abalam critérios e juízos do passado, nos quais se baseavam antigos superiores em suas determinações. Então era só ordenar o que já estava estabelecido. Hoje ele deve lidar com uma pluralidade de fatores, com a instabilidade das situações, com os novos desafios, com a incerteza das referências valorativas, com mentalidades diversas das jovens gerações, e com a carência de pessoal.

*

De fato, para um superior que viva seu cargo como serviço, e não como poder e prestígio, e que considere como sua tarefa cuidar de seus irmãos, ser superior concretiza de modo realista o amor fraterno que Cristo determinou ser a característica de seus seguidores. Uma caridade não isenta de cruzes e sofrimentos. Não é sem motivo que o Papa Francisco vive pedindo que rezemos por ele.

VI
A INTERPELAÇÃO DOS POBRES À COMPANHIA DE JESUS

Antes de abordarmos a questão da pobreza na Companhia de Jesus, é necessário oferecer um horizonte mais amplo que nos permita compreender melhor sua importância. E igualmente dissipar de antemão possíveis suspeitas de cunho ideológico surgidas num passado não muito distante. Só então poderá emergir a fundamentação teológica que justifica a interpelação dos pobres à Igreja e à Companhia.

*

Na tradição judaico-cristã, aquele que é invocado e cultuado como Deus é alguém que não se encontra distante do mundo e fora da história. Pelo contrário é um Deus que se manifesta com um projeto histórico, um Deus que entra decididamente na vida de um povo para libertá-lo da escravidão, fazer dele o seu povo e por meio dele realizar seu projeto de salvação para toda a humanidade. Aqui se encontra o cerne da fé veterotestamentária expressa na confissão presente no livro do Deuteronômio (26,5-10). Observemos que este povo libertado por Deus se encontrava escravizado, excluído do sistema social daquele tempo. A iniciativa de Deus o liberta desta situação humilhante, possibilitando-o constituir uma nova sociedade.

*

Também pertencia à tradição cultural do Oriente que o rei deveria cuidar primeiramente dos mais desvalidos, impotentes, numa palavra, dos pobres. Exercia seu poder na defesa dos que eram presas fáceis para a exploração por parte de grupos sociais mais poderosos. Pois na Bíblia o pobre é aquele socialmente indefeso. Assim não nos deve surpreender que nos salmos o injustiçado apareça frequentemente implorando a intervenção de Deus a seu favor (Sl 69, 71, 82, 86, 88).

*

Esta imagem de um Deus sensível aos sofrimentos dos mais pobres é enfatizada por alguns profetas que afirmam a impossibilidade de se "conhecer a Deus" (amar a Deus) tendo um comportamento injusto com o próximo (Os 4,1s; Jr 22,13-16). A justiça para com o semelhante é a instância suprema para o verdadeiro culto a Deus (Is 1,10-17). E o final de um texto que apresenta uma série de exigências de justiça sintetiza todo o precedente com a expressão "amarás o teu próximo como a ti mesmo" (Lv 19,11-18).

*

A pessoa de Jesus Cristo, suas ações e suas palavras, confirmam definitivamente um amor preferencial pelos pobres. Já a região onde nasceu, o estilo de vida de sua família, o cuidado que teve com os marginalizados de seu tempo, revelam um Deus, a quem invocava como seu Pai, que queria uma vida digna para todos que não a tinham. Pois cada gesto seu, cada palavra que proferia, contribuía para uma imagem bem determinada de Deus, pois quem o via, via também o Pai (Jo 14,9).

*

CAPÍTULO VI.
A INTERPELAÇÃO DOS POBRES À COMPANHIA DE JESUS

Ao longo de sua vida esteve sempre em contato com a camada mais pobre da população, atento às suas dificuldades, a seus sofrimentos, a seu abandono por parte dos dirigentes religiosos (Mc 6,34). Seu auditório era composto pelos mais simples, que o entendiam melhor do que os sábios e prudentes (Mt 11,25), e suas curas eram provocadas pelo sofrimento e pela humilhação alheios (Lc 7,13). Não frequentou os mais ricos e nem esteve em seus palácios. Viveu num grupo de discípulos que dependiam da generosidade de terceiros para sobreviver numa vida peregrinante pelas estradas da Palestina.

*

Alertou muitas vezes para o perigo da cobiça por riquezas, disse que não se pode servir a dois senhores, a Deus ou à mamona, exigindo mesmo de seus discípulos um despojamento de bens pessoais, confiantes na força de Deus que os acompanhava (Lc 10,1-4). Sua vida foi bem austera (Mt 8,20) sem perder o vínculo social (Jo 2,1-12) e o contato com amigos (Lc 10,38-42).

*

Inicia sua missão na sinagoga de Nazaré afirmando se dirigir aos pobres e aos oprimidos para lhes anunciar uma Boa-Nova (Lc 4,18-21). Esta indica que eles, os pobres, os famintos, os aflitos, serão curados, saciados e pacificados, já nesta vida pela irrupção do Reino de Deus, e plenamente na outra (Lc 6,20-23).

*

Confessamos que Deus é amor fundamentados não só no apóstolo São João, mas também em nossa experiência pessoal. Entretanto temos de qualificar mais este amor pelo agir de Deus na história de Israel e pela vida de Jesus Cristo. É um amor voltado principalmente para os mais sofridos e impotentes deste mundo que gritam a Deus por justiça, já que os homens os ignoram. Pois o que sabemos de Deus provém de seu agir na história, e este agir se manifesta bem determinado em sua predileção pelos mais pobres. Felizes os pobres e os excluídos, não porque sejam tais, mas porque Deus é assim. Para eles se dirige primeiramente a revelação salvífica de Deus.

*

Consequentemente eles, como destinatários primeiros desta revelação, estarão em condição de melhor recebê-la e entendê-la como mensagem de salvação, como gesto de Deus a seu favor. E foi exatamente isto que aconteceu na vida pública de Jesus: arrastava multidões e era por elas mais bem compreendido (Mt 11,25).

*

Este fato tem uma consequência importante, a saber, a melhor chave de leitura ou perspectiva hermenêutica para interpretarmos e compreendermos a revelação de Deus é exatamente a dos pobres. Não é por acaso que sejam os pobres os que mais são tocados pela mensagem evangélica, constituindo a maioria dos cristãos.

*

Desde que o texto bíblico pode ser abordado a partir de várias óticas, sendo que nem todas sintonizam com sua intenção original, temos de reconhecer que, entre as demais legítimas, a ótica dos pobres é a que melhor corresponde à ótica divina que visa à salvação da humanidade. Por sua carência cotidiana, os pobres estão mais abertos para perceber no gesto de Deus uma iniciativa para salvá-los de sua humilhante existência. Para melhor compreendermos o Evangelho, temos de assumir esta ótica.

*

Pois ela, por ser a ótica do próprio Deus, nos possibilita entendermos, acolhermos e vivermos a salvação que Deus nos oferece em Jesus Cristo com maior objetividade e verdade. Portanto, nossa opção pelos pobres não brota simplesmente da compaixão, da análise social, da experiência direta, que, embora válidas, não chegam ao fundamento último e decisivo, a saber, a opção primeira do próprio Deus.

*

Costumamos afirmar que o amor fraterno, núcleo da vida cristã e fator intrínseco a um amor autêntico a Deus, consiste em querer bem, ajudar, potencializar o outro sem outros objetivos ou interesses (Mt 5,46s). Exatamente é o que se dá no amor ao pobre: amar o ser humano que nada tem para nos oferecer em troca é o amor realmente gratuito que Jesus Cristo nos pede.

*

É interessante notar que o amor verdadeiramente gratuito é expresso por Jesus ao descrever o encontro com pessoas em situação de carência e, portanto, impossibilitadas de retribuir nosso gesto: os famintos, os sedentos, os nus, os prisioneiros (Mt 25,34-40). São eles que nos fazem encontrar de fato Jesus Cristo, pois estamos assumindo uma postura que foi constante em sua vida, já que passou pelo mundo fazendo o bem (At 10,38).

*

Este amor fraterno é mais exigente do que parece à primeira vista. Pois amar é não só viver para o outro, mas também renunciar ao próprio ego, sempre buscando satisfazer seus desejos e sua felicidade pessoal (Mt 10,39). Amar é morrer um pouco para si mesmo, é conseguir sair de seu pequeno mundo, é se desinstalar pelo bem do próximo. Mas só então a caridade se comprova em sua autêntica realidade, ultrapassando o nível das palavras e das boas intenções (Mt 7,21).

*

Toda a vida de Jesus foi não só revelação de Deus, de sua postura para conosco e de seu projeto de salvação da humanidade, mas também manifestação de *como* podemos e devemos responder a este gesto divino. Neste sentido, Jesus Cristo é realmente "caminho" para o Pai (Jo 14,6). Consequentemente suas palavras, ações e seu modo de ser, são constitutivos deste caminho que devem ser assumidos pelo cristão enquanto discípulo de Cristo, pois é o que o identifica como tal.

*

Apesar dos magníficos exemplos de muitos santos e santas, infelizmente no decurso da história se enfatizou muito o batismo como porta de entrada para a identidade cristã, e conjuntamente reduziu-se o tema da salvação à paixão, morte e ressurreição de Jesus, deixando no esquecimento toda a sua vida terrestre não só como fator de revelação, mas também como "caminho" necessário a ser assumido pelo cristão.

*

Tal fato, sedimentado na atual liturgia, não valoriza suficientemente a vida histórica do Mestre de Nazaré, deixando em segundo plano sua existência concreta em meio aos pobres e para os pobres. Deste modo se rebaixa este dado revelado e constitutivo da identidade cristã para uma postura assumida apenas por cristãos mais generosos.

CAPÍTULO VI.
A INTERPELAÇÃO DOS POBRES À COMPANHIA DE JESUS

*

Entretanto os primeiros cristãos se mostraram sensíveis aos mais pobres da comunidade. Unidos pela comunhão no mesmo Espírito Santo que os animava (2Cor 13,13), procuraram que esta comunhão se realizasse também como partilha de bens e ajuda aos necessitados. O acolhimento dos mais desfavorecidos na comunidade cristã desempenhou sem dúvida importante papel na difusão do cristianismo nos primeiros séculos.

*

A procura por uma vida mais austera, longe da cobiça por bens terrenos e prazeres mundanos, fez nascer o movimento dos monges na Igreja, desordenadamente no início e posteriormente institucionalizado numa vida comunitária com regras comuns graças a figuras como São Bento. Deste modo é conservada uma característica evangélica, embora reservada a pessoas mais fervorosas que livremente a abraçam, distinguindo-se do restante Povo de Deus.

*

Na Idade Média, pobre era aquele que se encontrava numa situação de dependência, de humilhação, de fraqueza, por carecer de liberdade, dinheiro, estudo, profissão, trabalho, saúde e respeito social. Nas ordens mendicantes a pobreza, que era real para seus membros, não o era tanto para a instituição, embora o ideal franciscano fosse tal.

*

Nota-se então maior consciência da concepção espiritual da pobreza, já expressa no Evangelho, como a exigência de desapego dos bens, a recusa de qualquer cobiça, a caridade para com os pobres, os preferidos de Deus, embora tal programa não tenha sido realizado plenamente.

*

De um modo geral pode-se afirmar que a pobreza é uma característica essencial na vida da Igreja. De fato, ao se afastar deste ideal a Igreja experimenta decadência e perde sua força profética. Acrescente-se o fato de que a maioria de seus membros é pobre e que, portanto, ela deveria ser uma Igreja pobre para os pobres.

*

O advento das ciências sociais revelou que a pobreza é fruto não do acaso ou da vontade de Deus, como se justificava no passado, mas que ela é produzida pelos próprios seres humanos, que exploram seus semelhantes por meio de ideologias convincentes e de estruturas institucionais que os mantem na condição de indigentes. Daí a Igreja acrescentar à sua assistência aos pobres também a luta pela justiça com a denúncia do atual status quo.

*

A partir de Leão XIII (Encíclica *Rerum Novarum* 1891), seguido por Pio XI (Encíclica *Quadragesimo Anno* 1931), João XXIII (*Mater et Magistra* 1961), Paulo VI (Encíclica *Populorum Progressio* 1967) e (Carta *Octogesimo Adveniens* 1971), e também com o Concílio Vaticano II (Constituição Pastoral *Gaudium et Spes* 1965), a Igreja se empenha claramente numa pastoral social em contraste com uma sociedade com desigualdades sociais e econômicas gritantes.

*

CAPÍTULO VI.
A INTERPELAÇÃO DOS POBRES À COMPANHIA DE JESUS

Neste particular, a melhor recepção do ensinamento conciliar se deu na América Latina através das Conferências de Medellín (1968), de Puebla (1979), de Santo Domingo (1992) e de Aparecida (2007). Diante da dramática situação da população pobre deste continente, a Igreja latino-americana para ela dirige preferentemente sua pastoral, ao mesmo tempo em que denuncia as estruturas sociais que sustentam tal situação. A Igreja reconhece que deve estar mais próxima aos pobres e também viver ela própria com maior sobriedade. Este grito a favor dos pobres foi assumido pela Igreja Universal na Encíclica de João Paulo II: *A solicitude da Igreja pela realidade social* (1987). Atualmente tem no Papa Francisco um ardoroso promotor de uma Igreja mais pobre e de um mundo mais justo.

*

Hoje a sociedade tem uma consciência muito lúcida e convicta das desigualdades sociais, da exploração dos países mais fracos por parte dos países do primeiro mundo, da hegemonia do fator econômico na vida social, da situação de fome e miséria em muitas regiões, da emigração forçada de enormes populações, da acumulação do capital nas mãos de uma minoria, da globalização econômica dominante, do individualismo cultural ao nível de indivíduos e de nações.

*

Naturalmente esta realidade não deixa de interpelar a Companhia de Jesus em sua missão evangelizadora. Teremos de examinar como Inácio de Loyola via a questão da pobreza para os membros da Ordem, como esta questão se apresenta hoje e como a Companhia reage diante deste trágico quadro.

*

Desde sua conversão, Inácio quis viver uma vida de pobre, caminhando a pé pelas estradas, exagerando no descuidado com o corpo durante a estadia em Manresa, necessitando de ajuda de benfeitores para seus estudos em Paris e insistindo em viver com seus companheiros como pobres. A recomendação de pernoitarem em hospitais lhes exigia renuncia a melhores condições de descanso e os aproximava do povo pobre.

*

Esta preocupação com a pobreza, que aparece claramente em seu diário espiritual, o levará a determinar que os professos devam viver de esmolas (Const. 557), que as casas e Igrejas da Companhia não tenham rendas (Const. 561) e que os jesuítas devem estar prontos para mendigar se a necessidade o exigir (Const. 569). Os que querem entrar na Ordem saibam que o vestir, o comer e o dormir será como o de pobres (Const. 81).

*

Os frutos desta vida de pobreza são uma vida de total confiança em Deus e não tanto dependente de apoio material, a liberdade na seleção das atividades apostólicas para buscar o maior serviço divino e o bem mais universal, a edificação do próximo pelo exemplo de desprendimento dos bens materiais, e sobretudo maior imitação de Jesus Cristo pobre e humilde, como aparece nos Exercícios Espirituais (167).

*

Entretanto, com as transformações socioculturais dos anos seguintes a Companhia se viu obrigada a abrir mão de dispensas que de fato não a satisfaziam: os colégios já não eram sustentados por benfeitores, pois admitiam também alunos de fora; as espórtulas pela celebração das missas nas paróquias; a diminuição das residências de professos; as novas obras que exigiam grandes despesas, como as instituições educativas, as casas de retiro e os centros sociais que não dispunham de recursos. Portanto, problemas prementes que exigiam que o modelo original fosse realisticamente repensado.

*

Na 31ª Congregação Geral se reconhece a legitimidade da remuneração por trabalhos realizados que sustentem a vida e o apostolado dos jesuítas, sem qualquer preocupação de ganho ou proveito temporal, mantendo os critérios subjacentes à gratuidade original dos ministérios. Mais tarde, nos Estatutos da Pobreza, publicados *ad experimentum* (1967-1972), concede-se às Províncias poder possuir bens e rendas estáveis para finalidades bem determinadas, como o sustento dos escolásticos, a assistência aos idosos e enfermos, a ajuda às obras apostólicas em necessidade, não podendo ser utilizadas para sustento dos jesuítas já formados.

*

Na 32ª Congregação Geral desempenharia um papel importante a *consciência social* presente na Igreja e na sociedade, a saber, o amor preferencial e a solidariedade real com os pobres, unida à luta pela justiça, embora já atuantes na vida da Companhia. Ela determina que as comunidades de jesuítas sejam separadas das obras apostólicas às quais se dedicam, pois devem viver de seu trabalho, ter um orçamento definido e não acumular o que sobra, mas doá-lo a outras comunidades mais necessitadas.

*

Embora essas normas tenham sido postas em prática nas diversas Províncias da Companhia de Jesus, a questão da pobreza ainda continua sendo um problema atual. Pois as transformações na sociedade levaram-na a ser uma sociedade com enorme produção de bens, uma sociedade que oferece meios tecnológicos que logo se impõem como necessários, uma sociedade bastante competitiva que exige altos níveis de conhecimento, uma sociedade com mudanças sucessivas e aceleradas que naturalmente não deixam de impactar os jesuítas em suas atividades apostólicas.

*

Diante desta situação, as normas, embora necessárias, se revelam insuficientes para nortear o comportamento dos jesuítas individualmente considerados. A *motivação* deve brotar de dentro do jesuíta, como companheiro na missão do Jesus pobre (EE 98). Mesmo podendo dispor de bens e facilidades oferecidas a toda comunidade, o desejo de se assemelhar mais a Jesus Cristo leva o jesuíta a uma pobreza espiritual, a um cuidado constante com seu estilo de vida e de trabalho, a uma aquisição de bens bem pensada, assim como com seu uso e com sua renovação. Tarefa nada fácil, pois implica uma revisão e um discernimento contínuos.

*

Hoje sabemos que grande parte da população do planeta vive como pobre, carente de alimentos, educação, saúde, dignidade, sendo que tal situação interpela a todos nós. Na linha das tomadas de posição da Igreja anteriormente expostas, também a Companhia de Jesus deve não só dedicar-se aos pobres, lutar por eles, mas também conhecê-los concretamente e até com eles conviver. Deste modo se poderá evitar que o convívio com classes sociais mais cultas e de maiores recursos influencie nossa vida de religiosos, nivelando nosso teor de vida com elas.

*

Deste modo se evitaria o perigo de uma vida religiosa afastada da vida real dos próprios contemporâneos, vida esta por vezes entremeada com discursos radicais e posicionamentos teóricos para buscar compensar uma existência onde nada falta. O Papa Francisco recomenda em sua Encíclica *Laudato Si'* (222-227) a *sobriedade*, ou seja, saber se contentar com o necessário, com as coisas simples, com o apreço pelas pessoas, ou mesmo com o contato com a natureza. Deste modo se consegue reduzir o número dos desejos insatisfeitos e viver com mais paz e alegria. Este conselho vale também para os religiosos, que podem considerar necessárias certas exigências, no fundo apenas supérfluas.

*

O "pregar em pobreza", como queria Santo Inácio, não significa estarmos impedidos de usar os meios mais convenientes e necessários de modo competente e profissional para ajudar os pobres, pois também eles merecem o melhor. Importante aqui é que os usemos para eles e não em benefício próprio, embora permaneça no ar certa tensão entre o apelo evangélico à pobreza e a exigência de eficácia na luta pela justiça.

*

Como variam os contextos de vida, os desafios enfrentados na missão pelo Reino de Deus, as condições pessoais de idade e de saúde, frequentemente nós deveremos revisar nosso estilo de vida e de trabalho, especialmente diante da dramática situação dos mais pobres no mundo. Sem dúvida, este discernimento pessoal é condição para um autêntico e difícil discernimento comunitário.

*

Para se viver o espírito evangélico de pobreza, devemos estar atentos a não considerar como adequado e justificado o uso de tudo que a Ordem põe à nossa disposição. Só conseguiremos isto por meio de uma real *familiaridade com Jesus Cristo*. Ele, que viveu uma vida de entrega aos pobres de seu tempo em condições modestas e na humildade, permanece sempre um estímulo, um apelo, um exemplo para nossa vida de jesuítas nas atuais condições. Daí a insistência de Santo Inácio nas meditações-chave dos Exercícios Espirituais em criar no retirante uma atitude generosa no seguimento de Cristo pobre (EE 98; 147; 167).

*

Lembro-me bem da insistência de Dom Luciano em seu último retiro aos jesuítas em Itaici: opção pelos pobres, opção com os pobres, opção para os pobres, mas também opção *como* os pobres.

*

Numa sociedade que muito valoriza a situação econômica da pessoa e que a avalia a partir deste critério, apresentar-se como alguém de recursos limitados e impossibilitado de fazer certos gastos acarreta sem dúvida certa *humilhação* e desconforto. É o que Santo Inácio caracterizava como os efeitos da pobreza na meditação das Duas bandeiras (EE 146s). E esta experiência autenticamente cristã foi vivida por muitos jesuítas que nos precederam e ainda hoje faz parte do cotidiano dos nossos companheiros inseridos em contextos vitais de muita carência e pobreza, seja em seu país, seja fora dele.

*

Vivemos hoje numa sociedade altamente consumista, somos continuamente tentados por novas ofertas de compra embaladas em apresentações de alta qualidade para nos seduzir e facilitadas pelo cartão de crédito. Muitas vezes nos falta um *conhecimento real* da situação econômica das famílias, mesmo da classe média, em nossos dias. Alimentação, viagens, ar condicionado, cartões de crédito, podem nos manter num padrão de vida superior ao delas sem nos darmos conta.

*

A Companhia de Jesus é generosa ao nos oferecer os meios necessários para nos formarmos e realizarmos a *missão* que nos compete na vinha do Senhor. Esta oferta de meios em vista do fim deve ser acolhida muito conscientemente, sem perder a liberdade que nos proporciona o voto de pobreza, pois podemos ceder a gastos que nada têm a ver com nossa missão apostólica a ser exercida em pobreza.

*

Sempre notei este cuidado e esta atenção em jesuítas que me impressionaram por seu estilo de vida. Evitavam naturalmente não só gastos supérfluos, mas contentavam-se com o que lhes era oferecido e mantinham certa austeridade de vida, certamente reflexo de profunda vida espiritual! Em razão da diversidade de pessoas e de apostolados, não se pode impor a pobreza por ordens superiores ou normas gerais. Ela brota de um amor muito pessoal a Jesus Cristo em busca de uma maior semelhança com ele.

VII
INÁCIO DE LOYOLA E LIBERDADE CRISTÃ

Certamente a liberdade é a característica mais sublime do ser humano. Os demais seres já nascem de certo modo programados, limitados às suas características próprias ou a seus instintos naturais. A pessoa humana, mesmo se sentindo condicionada pela matéria enquanto dotada de um corpo, goza, entretanto, de autonomia em seu agir. Deste modo, pode fazer opções livres, não constrangidas. Esta liberdade, experimentada por todos nós e mais conhecida como livre-arbítrio, não atinge somente o que pretende a opção livre, seja qual for seu objeto, mas o próprio sujeito livre.

*

Pois ao fazer uma opção a própria pessoa experimenta uma transformação em si mesma, já que pela opção realizada ela já não é a mesma que era anteriormente. De fato, adquiriu mais conhecimento, mais coragem para optar, mais experiência pessoal de suas possibilidades, tornou-se melhor ou pior conforme sua opção for positiva, moralmente boa, ou negativa, eticamente reprovável. Com outras palavras, as opções atingem sempre o próprio sujeito que as executa, moldando sua identidade, configurando sua personalidade, de tal modo que cada um de nós é agora o que resultou das opções anteriores de sua vida passada.

*

Não adquirimos conhecimentos, não alargamos nosso horizonte, não nos dotamos de habilidades práticas ou de conquistas mentais, não nos tornamos egoístas ou altruístas, a não ser pelo exercício de nossa liberdade. Consequentemente, podemos afirmar que o ser humano não apenas tem liberdade de opções, mas sobretudo que ele *é liberdade* continuamente se constituindo ao longo de sua história. Uma liberdade profunda que indica o que ele está fazendo de sua própria existência.

*

Enquanto construída ao longo da história de cada um, abarcando toda sua vida, esta liberdade diz respeito à totalidade da própria pessoa. Traduzida em termos de moralidade, ela representa uma existência boa ou má, toda ela resultante de suas opções feitas ao longo de sua história. Com a morte da pessoa, esta totalidade se torna definitiva pela impossibilidade de novas opções livres.

*

Tarefa pessoal e intransferível que caracteriza o ser humano, embora alguns dela fujam, entregando a própria liberdade a terceiros, submetendo-se a gurus dominadores ou adotando visões fundamentalistas da realidade que os desobriguem de refletir e de correr o risco de optar a partir de si mesmos.

*

Pelo fato de sermos livres, estamos sujeitos ao imperativo de darmos uma orientação determinada à nossa vida, já que podemos livremente decidir o que dela faremos. Nenhum outro ser goza deste privilégio, que constitui uma característica própria do ser humano, da qual apenas personalidades imaturas procuram fugir. Em meio a tantas opções cotidianas que fazemos, esta orientação profunda está subjacente e atuante.

*

E a razão é simples. Somos livres em nossas opções concretas porque o dinamismo de nossa liberdade tende para além destas opções, tende a um horizonte ilimitado que não nos deixa ficar presos ao que alcançamos com nossas opções limitadas, que no fundo não satisfazem o que busca o dinamismo da própria liberdade. Esta meta final de nossa liberdade pode ser caracterizada como um horizonte, pois não conseguimos estabelecer seus limites, ele é de fato infinito, diferentemente do que alcançam nossas opções cujos limites nos são bem conhecidos e nos possibilitam saber bem o que queremos.

*

Portanto, em cada opção se encontra o dinamismo que a supera e nos permite outras opções, todas incapazes de deter nossa liberdade dinamizada para o infinito. Só o encontro com este horizonte poderá saciar o dinamismo de nossa liberdade. Trata-se de um ponto de chegada, de um Absoluto, trata-se do que conhecemos com o termo *Deus*. Trata-se do mistério inabarcável que desencadeia nossas opções, mas que não pode ser dominado por nosso conhecimento ou por nossa liberdade, já que é exatamente o que possibilita seus atos.

*

Porém, um dado deve ainda ser mencionado. Não nos criamos a nós mesmos, a vida nos foi dada por Outro que livremente nos chamou à existência, que nos quis e que nos amou por primeiro. Somos fruto de um amor prévio. Não lidamos com um Absoluto neutro e indiferente.

*

Mas o quadro ainda está incompleto, pois somos também seres materiais, temos um corpo no qual está inserida nossa liberdade. Este fato a limita, pois seu exercício depende das condições materiais que encontra. Teoricamente ela tudo pode, mas de fato as condições materiais a limitam em seu exercício: saúde, forças físicas, contexto social etc. E como é exatamente por meio do corpo, a saber, dos sentidos, que conseguimos interagir com os demais seres humanos, também o contexto social que habitamos limitará o exercício de nossa liberdade pelo que dele haurimos: dados culturais, exemplos de vida, preocupações básicas, valores, preconceitos etc. Esta chave de leitura provinda do contexto sociocultural influenciará nossos juízos e consequentemente nossas opções. Apenas devemos acrescentar que tais limitações à nossa liberdade significam igualmente, de modo positivo, que elas possibilitam seu exercício, já que não encontramos a liberdade solta e prescindindo de qualquer substrato corporal e social.

*

Somos livres, mas sempre na espessura da matéria que somos e da sociedade que habitamos. Nunca conseguimos traduzir em ações o que originalmente nossa liberdade deseja. Pulsões internas, conscientes ou inconscientes, experiências negativas, carências, educação deficiente, maus exemplos, falsas racionalizações, preconceitos, para citar alguns exemplos, constituem o espaço vital no qual se encontra nossa liberdade como requisitos prévios e condicionantes dela.

*

Ajuda muito saber considerar e valorizar tais condicionamentos, com a finalidade de diminuir seu impacto no exercício da liberdade. Pois eles podem nos desorientar ou simplesmente nos influenciar erradamente nas decisões que tomamos, fornecendo-nos uma visão falsa da realidade ou induzindo-nos a ações erradas, que só mais tarde advertimos por seus efeitos danosos.

*

Deste modo, ao longo da vida, com luzes e sombras, com opções corretas e incorretas, e sempre às voltas com novos cenários vitais que desafiam nossa liberdade, vamos construindo nossa personalidade. Nossa história é a história da nossa liberdade em meio aos fatores condicionantes acima mencionados e diversos em cada um de nós.

*

Esta introdução de cunho mais antropológico nos permitirá entender melhor estes dados à luz da fé cristã. Fomos criados por Deus por sua total iniciativa. Nossa vida é dom, pura gratuidade de Deus, que assim se revela como amor infinito. Criou-nos à sua imagem e semelhança, dotados de inteligência e de liberdade para podermos captar seu gesto e a ele devidamente responder. Nossas opções são livres porque o dinamismo de nossa liberdade se dirige ao Bem Infinito que denominamos Deus, possibilitando-nos ultrapassar livremente os bens finitos e relativizá-los em função do Sumo Bem, no qual somente nossa liberdade chegará à sua meta.

*

Somos uma liberdade encarnada num corpo e por ele limitada, uma liberdade inserida numa comunidade humana que a condiciona. Ambos os setores vitais possibilitam, mas também dificultam o exercício da liberdade do cristão, sejam eles fatores internos, pessoais, sejam eles fatores socioculturais, que numa ótica cristã não são jamais neutros ou indiferentes, mas sempre bons ou maus. São exemplos de vida que nos estimulam ao bem, são palavras que nos animam, ou são tentações que nos levam ao egoísmo na busca de prazer, de bens materiais, de poder e de vaidade. Exigem de nós atenção e lucidez para não sermos escravos de instintos maus ou sermos robotizados pela cultura dominante.

*

Pelo fato de sermos seres que dependem de seus sentidos materiais e da convivência social, somos necessariamente seres expostos à tentação, isto é, a receber estímulos de fora que influenciam nosso pensar e nosso agir. Em si mesma, a tentação é um fenômeno neutro, pois somos tentados tanto para o bem quanto para o mal por nosso entorno: pessoas significativas, padrões culturais, exemplos de vida, meios de comunicação etc.

*

Entretanto a experiência nos demonstra estarmos inseridos num mundo no qual trigo e cizânia crescem simultaneamente, onde o bem e o mal caminham juntos, embora o mal obtenha maior repercussão na sociedade pelas reações que desperta. De qualquer modo, este fato nos leva a concluir que o cristão caminhará sempre ao longo de sua existência exposto a tentações contínuas. Portanto, sua oração não pede que elas sejam eliminadas, mas que ele seja capaz de vencê-las (Mt 6,13). Observemos ainda que algumas delas podem parecer boas e louváveis, embora de fato provoquem consequências nefastas para aqueles que as acolhem.

*

O cristão é aquele que constrói sua identidade, investe sua liberdade e caminha para uma realização definitiva de sua vida tendo como modelo e guia *Jesus Cristo*. No fundo quer fazer de sua vida o mesmo que Jesus fez da dele, a saber, uma vida de perfeita obediência a Deus, a quem chamava de Pai, expressa no cuidado contínuo pelos mais desfavorecidos da sociedade. Por sua pregação e pelas curas que realizava, proclamava e fazia irromper o que chamava de Reino de Deus (Lc 7,22), a saber, a soberania de Deus na sociedade humana, estruturada não no egoísmo e na violência, na injustiça e na desigualdade, mas no amor mútuo, na solidariedade, na partilha, como uma sociedade de irmãos que invocam a Deus como o Pai de todos.

*

Também Jesus Cristo, ser humano como nós, exerceu sua liberdade ao longo de sua vida, realizou continuamente opções na fidelidade ao Espírito Santo que o iluminava e fortalecia na obediência ao projeto do Pai para a humanidade. Sua história é a história de sua liberdade, com seus momentos de dor e de sofrimento (Lc 22,42-44; Hb 5,8s), como também de conforto e alegria (Lc 10,21s). Suas opções no dia a dia estavam todas endereçadas ao Absoluto de sua vida, a realizar sua vontade (Jo 4,34), a dedicar toda sua existência à realização do Reino de Deus, da nova humanidade querida por Deus.

*

Este objetivo último de seus dias neste mundo ilumina sua vida, fundamenta suas opções, acompanha-o em todos os momentos, sustenta-o em sua paixão e morte, e capacita-o a uma coerência heroica em meio às oposições crescentes. E tem em sua ressurreição o coroamento desta existência numa vida que dura para sempre. Só então Jesus aparece em sua realidade verdadeira e plena (Rm 1,4).

*

Notemos, entretanto, que o Reino de Deus tem início neste mundo, mas só desvelará toda a sua verdade na vida eterna em Deus. Constitui, como se diz, uma realidade escatológica. Mas que deve acontecer neste mundo, ainda que imperfeitamente, para não ser caracterizado como um sonho sem fundamento. O que impede que a humanidade corresponda ao projeto de Deus tem origem na própria condição humana, pois o ser humano é também material, corpóreo e necessariamente ser social. Enquanto dotado de um corpo, ele está sujeito às limitações da matéria, se deteriora, envelhece, está sujeito a dores e sofrimentos. Enquanto ser social, recebe da sociedade referências culturais, éticas, linguagens, testemunhos de vida, com conotações boas e más, que influenciarão o exercício de sua liberdade.

*

Em seus dias neste mundo, Jesus encontra a sociedade de uma região dominada pelos romanos, de maioria pobre, com desigualdades sociais gritantes e marginalização dos incapacitados ou atingidos por algum mal. Daí o sentido de suas curas enquanto antecipações da vida plena no Reino definitivo (Lc 7,22), daí o sentido de sua pregação que fundamentava uma sociedade fraterna e justa, uma sociedade de irmãos e irmãs, caracterizada pela partilha, pelo amor fraterno, pelo respeito mútuo, pelo perdão, pela palavra dada, pela não violência, já tendo início agora antes de sua realização final em Deus.

*

Consequentemente, só podemos entender a vida de Jesus se a vemos como a realização do Reino de Deus, uma vida pela humanidade, uma vida descentrada de si mesmo, numa palavra, uma vida toda ela em função da missão que lhe encarregara o Pai: "Eu vim para que todos tenham vida e a tenham plenamente" (Jo 10,10). Sua obediência ao Pai, sua fidelidade ao Espírito que o acompanhava, a construção e a realização de sua pessoa pelo exercício de sua liberdade, consistiam exatamente em seu compromisso pelo advento do Reino de Deus, como manifestou no início de sua vida pública (Mc 1,15).

*

Esta é a chave de leitura correta para entender o sentido profundo que nos fornecem os relatos evangélicos: de suas opções concretas pelos pobres, de suas reações diante do sofrimento ou da injustiça, de seu olhar misericordioso para os pecadores, de suas andanças contínuas pela Palestina, de sua coerência nas tentações, na busca por discípulos que continuassem sua missão e no memorial eucarístico de sua entrega pelo Reino de Deus por meio dos sinais dos alimentos (pão e do vinho) e do gesto simbólico do lava-pés.

*

Sua ressurreição significa a confirmação da parte de Deus do acerto de sua vida voltada para os demais, de seu ideal de promover o Reino, do mistério de sua pessoa como Filho eterno do Pai. Também a seus seguidores lhes é prometida esta vida para além da morte (Rm 8,11), a participação no Reino de Deus definitivo como plenitude do Reino que ajudaram a construir na história.

*

Do que vimos até aqui aparece o cristão como alguém encarregado de prosseguir a missão de Jesus Cristo ao longo da história. Sua identidade é dada por sua vocação missionária, afirmação que vale também para a Igreja enquanto comunidade de cristãos. De tal modo seu sentido último é caracterizado por sua missão, que doutrina, sacramento, configuração institucional, governo, magistério, se justificam somente pela missão, embora sofram a tentação de se fecharem em si mesmos.

*

Inácio de Loyola viveu em uma época na qual a vivência cristã era mais alimentada e promovida pelas vidas dos santos e por espiritualidades leigas, na qual o imaginário religioso era outro e a cultura fortemente marcada por verdades e valores cristãos, embora entendidos e vividos de modo muito a desejar pela maioria da população. Hoje, devido ao rico desenvolvimento dos estudos bíblicos, podemos ser enganados pela linguagem utilizada por Inácio, quando, de fato, ele se identifica com a visão cristã do homem anteriormente apresentada. É o que veremos a seguir.

*

Já no *Princípio e Fundamento* Inácio deixa claro o sentido último da vida humana: responder ao gesto primeiro de Deus que nos criou. Esta afirmação implica não somente que nossa existência é um dom de Deus, mas sobretudo que Deus livremente nos criou.

Existimos porque Deus quis que existíssemos, logo resultamos de um ato livre de Deus, enfim de um ato de amor. Nosso Deus não consiste numa divindade onipotente, exigida pela razão para explicar o universo e indiferente à humanidade que criou. Esta verdade, que perpassa todo o livrinho dos Exercícios Espirituais, aparecerá mais explicitamente na chamada *Contemplação para alcançar o amor*: a resposta do ser humano é sempre uma resposta a um amor primeiro, por ele estimulada e possibilitada. Portanto, podemos já adiantar que a experiência da liberdade realizada é uma experiência essencialmente afetiva, a saber, movida pelo amor.

*

À livre iniciativa de Deus corresponde a resposta livre do ser humano. Deste modo, o exercício da liberdade estará presente ao longo de todo retiro inaciano, não numa perspectiva voluntarista, mas respondendo "com grande ânimo e generosidade" (EE 5) a um amor primeiro. Demonstra a necessidade de uma liberdade realmente livre através do que denomina "fazer-se indiferente" (leia-se livre) a todas as realidades criadas (EE 23). O tema da liberdade se faz presente nas meditações-chave do retiro inaciano: seja no segundo preâmbulo do exercício do Reino: "pedir a graça para cumprir sua santíssima vontade" (EE 91), seja no colóquio "quero e desejo (...) imitar-vos em passar todas as injúrias..." (EE 98) que no fundo busca dilatar e fortalecer a liberdade do exercitante para que possa responder devidamente à vontade de Deus.

*

A mesma finalidade aparece nos colóquios da *meditação das Duas bandeiras* (EE 147), bem como na meditação dos *Três tipos de pessoas* (EE 149-156), com seu exigente colóquio (EE 157). Na mesma perspectiva de uma liberdade realmente livre está a consideração sobre os *Três graus de humildade* (EE 164-168). O segundo modo de humildade é pré-requisito para se entrar na eleição, conforme o Diretório Autógrafo (cap. 3, n. 17). O exemplo de Jesus Cristo, pobre e injuriado, deve mover o exercitante a querer imitá-lo e assemelhar-se a ele, desobstruindo mais sua liberdade para acolher o que for a vontade de Deus (EE 167). Esta mesma preocupação de Inácio em liberar a liberdade do exercitante, volta no preâmbulo para fazer a eleição (EE 169), quando se insiste na intenção de acolher primeiramente a vontade de Deus (fim) e não escolher de antemão possíveis bens criados.

*

Toda a segunda semana dos Exercícios Espirituais, pela contemplação dos mistérios da vida de Jesus Cristo, reforça a pedagogia inaciana da liberdade. Pedir nos colóquios maior conhecimento interno de Jesus Cristo para mais amá-lo e segui-lo (EE 104) significa querer se assemelhar àquele cuja vida foi a expressão perfeita deste acolhimento da vontade de Deus, cuja história é a história de uma liberdade totalmente entregue à liberdade do Pai. A entrega de Jesus Cristo se constituiu ao longo de toda a sua vida, através dos acontecimentos e dos desafios que enfrentava.

*

Esta sua obediência perfeita tem seu desenlace no *mistério pascal* (terceira e quarta semanas), que confirma a opção (eleição) do exercitante por meio do desfecho da vida de Cristo (EE 221). Até a *contemplação para alcançar o amor* visa à entrega mais perfeita da liberdade, conforme vem expresso no segundo preâmbulo: "pedirei conhecimento de tanto bem recebido, para que, inteiramente reconhecendo, possa em tudo amar e servir à sua divina Majestade" (EE 233). A oferta condensada no "Tomai, Senhor, e recebei toda a minha liberdade, minha memória e meu entendimento e toda a minha vontade" (EE 234), retoma o objetivo de fundo do Princípio e Fundamento, deixando transparecer a circularidade dos Exercícios inacianos e demonstrando que estamos sempre a caminho quando se trata da liberdade cristã.

*

Portanto, a concepção inaciana da existência cristã consiste num processo que nos acompanha por toda a vida. Pressupõe que Deus é livre e que pode irromper em nossa vida de modo imprevisto, levando-nos a novos caminhos, já que é um Deus que supera sempre nossas expectativas e planejamentos, um *Deus semper maior*. A tibieza dos "bons" que buscam se instalar nas conquistas passadas, no fundo significa perda de liberdade. Pois a vida do cristão é sempre uma caminhada aberta ao futuro, construída pelas interpelações de Deus e pelas respostas do ser humano.

*

A vontade de Deus não consiste numa norma fora do tempo e da história, sempre a mesma, e sim em um querer divino que se manifesta na história de cada pessoa pelos eventos da vida, pelos sentimentos interiores, pelas interpelações do entorno. Podemos mesmo afirmar que todas as anotações e regras expostas por Santo Inácio visam possibilitar ao exercitante reconhecer esta contínua atuação salvífica de Deus em sua existência, que deve ser percebida, acolhida e realizada por meio da liberdade humana. Deste modo, a pessoa se torna mais livre e, portanto, com maior capacidade de sentir, interpretar e realizar a vontade de Deus em sua vida.

*

A pedagogia inaciana consiste, portanto, em fazer crescer a sintonia da nossa liberdade com a liberdade de Deus mediante o *investimento da nossa liberdade*. Esta atuação de Deus acontece por meio da ação do Espírito Santo, ação esta mais sentida que conhecida (Rm 8,14-16; Gl 4,6), daí a necessidade do discernimento espiritual. Ela deve pautar nossa existência, como afirma Paulo: "Se vivemos pelo Espírito, andemos também sob o impulso do Espírito" (Gl 5,25). Só então experimentamos a verdadeira liberdade: "Onde está o Espírito do Senhor, aí está a liberdade" (2Cor 3,17). Vida espiritual, ou vida segundo o Espírito, é uma vida de uma liberdade ativa e em contínuo crescimento.

*

É importante enfatizar que esta experiência da liberdade cristã é essencialmente uma *experiência afetiva*, pois é a resposta a um amor primeiro, movida por este mesmo amor. "O amor de Deus foi derramado em nossos corações pelo Espírito Santo que nos foi dado" (Rm 5,5). Este fato explica porque o discernimento na concepção de Santo Inácio dá maior importância às *moções* que às razões.

*

De fato, a experiência decisiva na vida de Inácio não brotou de argumentos teológicos ou racionais, de normas gerais assumidas pessoalmente, mas da variedade de movimentos interiores de cunho afetivo que despertaram sua atenção e levaram-no, por sua incrível capacidade introspectiva, a melhor conhecê-los e caracterizá-los. Decididamente não estamos mais no âmbito de um ensinamento doutrinal ou moral, mas no setor da mística, ao valorizar a atuação pessoal de Deus em cada indivíduo.

*

E como o Espírito Santo atua no mais íntimo da pessoa, onde se encontram unidas as faculdades humanas (inteligência, liberdade, imaginação, memória, afetividade), sua ação será sentida por todas elas. Entretanto, a experiência mostrou para Inácio que nem toda percepção do que julgava uma ação de Deus o era realmente. Tais percepções serão por ele denominadas de "moções". Decisivo é o critério que utiliza para distinguir as boas moções das más: não o objeto delas (pensamentos ou sentimentos bons ou maus), mas se realmente orientam ou não a liberdade para Deus, como seu fim último, que Santo Inácio caracteriza como corresponder ou não à vontade de Deus.

*

Como podemos entender melhor tais moções? Elas são percebidas como pensamentos envoltos nas demais faculdades, sobretudo na afetividade, pois vêm acompanhados de sentimentos de consolação ou de desolação. Não são produzidas pelo sujeito, portanto elas irrompem "de fora". Podem provir da própria realidade humana, já que a liberdade se encontra num corpo, fato que possibilita e igualmente limita sua ação. Pois ela não consegue realizar tudo o que pretende e se sente condicionada pelas pulsões provenientes da sua natureza material e social que buscam satisfações parciais de cunho egocêntrico.

*

A preocupação de Inácio é liberar a liberdade de tais entraves que a impedem de "buscar e encontrar a vontade de Deus" (EE 1), já que são "afeições desordenadas" (EE 1), daí a importância da "indiferença" (EE 23), ou da liberdade libertada da atração das coisas criadas. Essa preocupação atravessa toda a caminhada dos Exercícios Espirituais sempre na busca de lucidez em suas ações passadas (EE 63), no fortalecimento da liberdade diante das afrontas e da pobreza no Exercício do Reino (EE 98), no conhecimento interno de Cristo (EE 104), na meditação das Duas bandeiras (EE 136-148), na meditação dos Três tipos de pessoas (EE 149-157) e dos Três graus de humildade (EE 164-168), no preâmbulo para fazer eleição (EE 169).

*

Para Inácio, e este ponto é de enorme importância, trata-se no fundo de manter a liberdade direcionada a seu fim último, expresso por ele como "o louvor de Deus nosso Senhor e minha salvação" (EE 169) para "em tudo amar e servir à sua divina Majestade" (EE 233). Hoje diríamos manter a liberdade que somos nós, construída ao longo do exercício das nossas opções, *orientada para Deus*, para sua vontade, toda voltada para seu desígnio divino revelado em Jesus Cristo de uma humanidade fraterna e justa (Reino de Deus). Este seu desígnio pode ser expresso como o amor primeiro que nos chamou à existência, enviou seu Filho para guiar nossos passos e seu Espírito Santo para nos fortalecer nesta caminhada. Neste sentido nos oferece uma espiritualidade que é uma verdadeira *pedagogia da liberdade cristã* em função de uma entrega total a Deus.

*

Então podemos entender porque avaliamos as moções que nos atingem não do ponto de vista moral ou de seu conteúdo, mas do *critério decisivo*: conduzem ou não a sintonizar com a vontade de Deus. A partir de sua experiência pessoal, Inácio aprendeu que certos movimentos que lhe pareciam bons apenas lhe prejudicavam e o impediam de seguir a vontade de Deus e que, dependendo da situação espiritual de cada um, consolações e desolações exigiam leituras diferentes (EE 313-336).

*

Igualmente o mesmo critério se aplica para as chamadas "afeições desordenadas" (EE 1; 21; 169; 172; 179; 342) que nascem de tendências ou necessidades humanas, conscientes ou não, e que devem ser dominadas em vista de uma liberdade realmente livre para seguir a vontade de Deus.

*

Santo Inácio não tratou expressamente do que hoje consideramos os condicionamentos ao exercício da liberdade humana, sejam de cunho sociocultural, sejam de cunho psicológico, simplesmente porque não eram conhecidos naquele tempo como o são hoje devido aos estudos da antropologia cultural e da psicologia. Mas, em consonância com seu ensinamento, também tais condicionamentos deveriam ser descobertos e afrontados por afastarem muitas vezes o ser humano do fim para o qual foi criado: o amor a Deus no amor ao próximo.

*

Nas Constituições da Companhia de Jesus, Inácio exorta os jesuítas a "buscarem a Deus Nosso Senhor em todas as coisas" (Const. 288). Podemos entender tal expressão como uma característica central de sua espiritualidade: o cristão deve ter sua existência livremente voltada para Deus, existência esta construída pelas opções da sua liberdade, opções lúcidas e generosas, opções fiéis à ação do Espírito Santo, opções pelo advento do Reino de Deus proclamado e realizado na vida de Jesus Cristo.

*

Daí a atenção constante aos possíveis enganos (Duas bandeiras), à falta de uma vontade decidida (Três tipos de pessoas) e à necessidade do amor à pessoa de Jesus (Três graus de humildade), que deve estar presente não só durante o retiro, mas igualmente por toda a vida de cada dia. A leitura correta das moções de consolação e de desolação esclarece e reforça as opções a serem tomadas. Como afirmávamos ao início: trata-se de uma autêntica pedagogia da liberdade. Só alguém realmente livre é capaz de um compromisso coerente com sua vocação cristã: ser discípulo e missionário de Cristo.

*

Daí que um jesuíta "indiferente", leia-se livre, enviado a uma grande região por certo tempo poderá optar, depois de fazer oração (discernimento) por deter-se mais ou menos tempo, ou ainda partir para outra parte da região (Const. 633). Respeita-se a obediência, mas também a liberdade inspirada pelo Espírito Santo.

*

Sempre me impressionaram fortemente os jesuítas realmente livres que Deus colocou em minha vida. Homens de grande integridade moral, avessos a atitudes camufladas ou políticas, nem sempre devidamente compreendidos ou valorizados, persistentes nos compromissos assumidos, emocionalmente maduros, corajosos em tomar decisões, foram referências marcantes e encorajadoras para seus contemporâneos.

EPÍLOGO

A atual sociedade experimenta transformações rápidas e sucessivas que nos exigem um esforço contínuo na busca de novos conhecimentos e comportamentos, embora não consigamos dominá-los devidamente. Certamente todos nós sofremos com a aceleração do tempo, com a relativização do espaço, com a enxurrada de novos conceitos, com os desafios da cibernética, com os impactos na vida familiar e nas instituições de ensino, sem falar de uma cultura e de uma economia globalizadas.

Igualmente a Igreja passou por fortes mudanças nestes últimos anos, sobretudo no período posterior ao Concílio Vaticano II. Em parte provenientes da própria instituição eclesial, em parte provindas da sociedade em transformação, já que os membros da Igreja são também membros da sociedade. Embora mantenha sua identidade teológica, a Igreja caminha para uma nova configuração que melhor possibilite o cumprimento de sua missão evangelizadora. O momento exige mudanças de mentalidades e mudanças institucionais já em curso, apesar da resistência de alguns.

A Companhia de Jesus não só faz parte da Igreja, mas também está a serviço da Igreja. Consequentemente as transformações na Igreja não podem ser ignoradas pela Companhia, igualmente atingindo mentalidades, atividades, instituições no interior da Ordem. Renunciamos de antemão a enunciar tais mudanças de modo completo e exaustivo. Mas podemos mencionar algumas que nos parecem mais dignas de nota.

1. Para quem conhece a história do cristianismo, aparece claramente a mudança nele sofrida por volta do século IV quando se viu alçado a religião oficial do Império romano. Poder, prestígio, riquezas foram seguidas nos séculos posteriores por estruturas hierárquicas rígidas, favorecendo assim o domínio clerical que perdura até nossos dias. Deu-se maior ênfase às expressões da fé do que propriamente à própria fé realmente vivida: doutrinas, ritos, normas canônicas, e pastorais voltadas para a recepção de sacramentos etc. A fé cristã se viu transformada num dado da cultura ocidental, aceita por todos, mas não realmente vivida.

A espiritualidade cristocêntrica da Companhia de Jesus insiste no seguimento real de Jesus Cristo (EE 95) e em seu amor efetivo (EE 230), mas pode se tornar presa de práticas tradicionais que realmente não mais refletem uma realidade vivida. Não se trata de excluí-las sem mais, mas de revalorizar seu verdadeiro sentido. Tenhamos presente os retiros anuais, as celebrações eucarísticas, as reuniões comunitárias, os textos espirituais ou teológicos. Todos se justificam em função do *vivido*, da união a Deus, do seguimento real de Cristo, da luta diária pela caridade fraterna, pela sobriedade de vida, pela ajuda aos mais pobres e marginalizados da sociedade. Como afirmam alguns autores: mais Evangelho e menos religião!

2. Na atual sociedade pluralista e secularizada, a Igreja não mais goza do poder e do prestígio presentes na época da cristandade. Ela não é mais considerada a única referência ética ou cultural que determinava o cotidiano das pessoas, e sim apenas uma voz entre outras a oferecer (e não mais impor) a visão cristã da vida à sociedade. Será no futuro uma Igreja mais frágil, simples, pobre, que levará adiante sua missão de proclamar e realizar o Reino de Deus não apoiada no poder civil, mas confiante na força de Deus. Uma Igreja mais simples e mais próxima aos pobres deste mundo.

Também a Companhia não deixa de sofrer com as transformações em curso na sociedade. Certamente não terá a admiração e o prestígio que teve no passado, sobretudo com seus colégios e universidades, com sua presença nos ambientes científicos, com a qualidade de suas atividades dentro e fora da Igreja. Diminuição do número de jesuítas, maior complexidade nas instituições de ensino, aumento contínuo da área do conhecimento pelos novos desafios, bem como pela complexidade e mútua dependência dos vários setores da ciência. Mesmo sem abandonar o padrão qualitativo de nossas atividades, devemos ser mais humildes, escutar mais os outros, saber com eles trabalhar, como já vem acontecendo.

3. A atual sociedade sofre o impacto do individualismo cultural que diametralmente se opõe ao amor fraterno, núcleo da mensagem evangélica. Seja entre pessoas, seja nas famílias, seja entre classes sociais, seja entre países, seja entre culturas e religiões, as relações sociais estão corrompidas e enfraquecidas pelo interesse próprio, pela hipocrisia, pela indiferença. Olha-se o outro funcionalmente: em que ele pode me beneficiar? Este mau espírito atinge mesmo grupos na Igreja que se consideram os mais significativos e rivalizam com os demais.

Na Companhia de Jesus o perigo já foi notado por Pedro Arrupe, que incentivou a colaboração mútua entre as províncias, a maior divisão dos recursos, já que todos pertencem a um só Corpo Apostólico. Por várias razões, entre as quais as diferentes mentalidades presentes na mesma comunidade num tempo de mudanças sucessivas, há a tendência de cada um se ocupar com sua obra sem que ela seja assumida pela comunidade, ou de viver em seu mundo pessoal, sem maiores elos comunitários, podendo mesmo a celebração eucarística se ver reduzida a um simples rito tradicional que não responde à sua verdade, já que dele se sai como se entrou.

4. Presenciamos hoje na Igreja os esforços para reconhecer em todos os cristãos sua dignidade de membros ativos, dando fim a séculos de domínio clerical, alheios ao espírito cristão e cujas consequências negativas podemos constatar em nossos dias. A Igreja Sinodal como promove o Papa Francisco restitui a leigos e a leigas na Igreja seu papel ativo em sua atividade missionária e em sua própria organização institucional. Certamente a Igreja futura será fortemente laical, participativa e mais bem equipada para sua missão numa sociedade pluralista, complexa e secularizada. Consequentemente, também a formação de futuros padres em seminários tradicionais deverá ser revista, pois impede o contato com a realidade e com seus desafios.

A Companhia de Jesus tem confiado a leigos e a leigas atividades próprias na área do ensino, da administração, da evangelização, em parte pela diminuição de seus efetivos. Ela tem conseguido mesmo formar um laicato no espírito dos Exercícios Espirituais, a tal ponto que muitos deles se revelam ótimos orientadores de retiros. Mas falta ainda uma entidade de cunho mais institucional, à semelhança das "ordens terceiras" já presentes em algumas ordens religiosas que, respeitando o caráter laical de tais pessoas, pudesse inseri-los mais em nosso modo de proceder e fazê-los se sentirem mais identificados com a Companhia. Naturalmente os nossos devem estar prontos e convencidos a aceitar tal colaboração na fidelidade ao "sentir com a Igreja".

Edições Loyola

editoração impressão acabamento

Rua 1822 n° 341 – Ipiranga
04216-000 São Paulo, SP
T 55 11 3385 8500/8501, 2063 4275
www.loyola.com.br